Ron Kubsch

Die Postmoderne

hänssler

Hänssler – KURZ UND BÜNDIG
Bestell-Nr. 394.608
ISBN 978-3-7751-4608-1

Internet: www.haenssler.de
E-Mail: info@haenssler.de
Umschlaggestaltung: Jens Vogelsang, Aachen
Titelbild: Bernd Schmidt
Satz: OADF, Holzgerlingen
Druck und Bindung: Ebner & Spiegel, Ulm
Printed in Germany

Inhalt

Kurz und bündig 5
Vorwort des Herausgebers 7

I. Die Postmoderne 9
1. Vorarbeiten 9
Die Vielfalt der Kultur 9
Auf die Perspektive kommt es an 10
Versuch einer Definition 11
1. Man sollte sein Reisegepäck kennen 12
2. Der Mythos von der Neutralität 13
3. Kultur und Evangelium: Freunde oder Feinde? 14
2. Die Postmoderne verstehen 16
Epoche, Ideologie, Projektionsfläche, Phantom?. 16
Die Moderne: Auf der Suche nach einem sicheren Fundament 19
Der Eintritt in das neuzeitliche Denken 19
Neun Merkmale der Moderne 24
Der Verlust eines sicheren Fundaments 27
Friedrich Nietzsche (1844–1900) 28
Martin Heidegger (1889–1976) 29
Naturwissenschaften 29
Linguistic turn 30
Hermeneutische Philosophie (Gadamer) 32
Soziologische Wissenschaftskritik (Kuhn) 33
Auf der Suche nach dem Unbegreiflichen (Lyotard) 33
Der Dadaismus als Leitbild (Feyerabend) 35
Elf Merkmale der Postmoderne 36
Die postmoderne Kultur 40
Architektur 40
Bildende Kunst 42
Literatur 45
Film 49
Sexualität und Geschlechtlichkeit 53
Christentum 57

II. Die Postmoderne in der Kritik. 61
1. Abschied von der Postmoderne. 61
2. Rettet die Postmoderne den christlichen Glauben? 67
Chancen 67
Risiken und Nebenwirkungen. 69
Das Beispiel der *Emerging Church*-Bewegung 72
Weder – noch 75
3. Schlusswort 76

III. Verzeichnis empfohlener Literatur 79

Anmerkungen. 84
Abbildungsnachweis 93

Kurz und bündig

Geht es Ihnen nicht auch so? Über manch einen Themenbereich würde man gerne als Normalbürger Bescheid wissen (oder muss es vielleicht sogar). Doch was die Fachleute schreiben, ist im Normalfall zu kompliziert und zu umfangreich. Wer hat schon Zeit, sich in jedes Thema wochenlang einzuarbeiten!?

Hier wollen wir Hilfestellung leisten. In *Hänssler kurz und bündig* geben Fachleute, die sich mit einem Thema schon seit Jahren intensiv beschäftigen, kurz und verständlich einen Überblick über das, was man wissen muss, wenn man Bescheid wissen will und mitreden können möchte.

Dabei enthält jeder Band der Reihe *Hänssler kurz und bündig* die folgenden Elemente:

- Fakten und Basisinformationen
- die Diskussion kontroverser Fragen
- praktische Hilfen und Hinweise zum Weiterarbeiten

All das ist so angelegt, dass der Leser sich in zwei bis drei Stunden (also etwa statt des Abendkrimis oder auf einer Zugfahrt) ein Thema in seinen Grundlagen aneignen kann. Die Anwendung im Leben oder das anschließende Gespräch mit anderen wird dann aber sicher etwas länger dauern ...

Ich würde mir wünschen, dass dieser kleine Band Ihren Horizont erweitern kann und die Informationen liefert, die Sie suchen.

Thomas Schirrmacher

Vorwort des Herausgebers

Während die Vordenker der Postmoderne bereits aussterben, prägt die postmoderne Kultur unser Alltagsleben stärker denn je zuvor. Es ist schon merkwürdig: Philosophische Welterklärungen, die kaum einer kennt oder darstellen kann, bestimmen darüber, wie die meisten Menschen alltäglich denken und handeln. Ideen haben eben Konsequenzen. Und das gilt selbst für eine Idee wie die der Postmoderne, für die es so viele Definitionen gibt wie Denker.

In diesem Buch kann jeder **kurz und bündig** seine eigene Kultur kennenlernen. Warum spricht man vom postmodernen Denken? Welche Rolle spielt es für unseren Umgang miteinander? Wie prägt es Kunst, Film, Literatur, Politik und Religion? Und: Ist das postmoderne Denken eine Hilfe oder eine Gefahr für den christlichen Glauben?

Missionare wenden heute viel Zeit auf, um das Denken und die Kultur ihres Gastlandes kennenzulernen. Ihre eigene Heimatkultur kennen viele Christen merkwürdigerweise aber oft kaum. Doch wer mit anderen Menschen über seinen Glauben sprechen will, sollte wenigstens **kurz und bündig** wissen, was sie grundsätzlich motiviert. Was immer man unter Postmoderne versteht und wie immer man darüber denkt, ob die Postmoderne in Blüte steht oder schon am Verwelken ist: Wer die Postmoderne nicht **kurz und bündig** erfasst hat, kann kaum über die Zukunft unserer Gesellschaft, unseres Staates, unserer Familien und unserer Kirchen mitdiskutieren.

Ron Kubsch kennt aus seiner persönlichen Erfahrung ebenso wie aus seinem Unterrichtsstoff in Philosophie, Apologetik und Neuerer Theologiegeschichte die großen Denker der Postmoderne und ihre Anliegen. Da er aber zugleich Seelsorge unterrichtet, weiß er auch aus persönlicher Anschauung, welche persönlichen Konsequenzen die Postmoderne im Leben des Einzelnen hat.

So gelingt es ihm, eine weltumspannende Grundsatzdiskussion und ganz persönliche Lebenshilfe **kurz und bündig** zusammenzubringen.

Thomas Schirrmacher

I. Die Postmoderne

1. Vorarbeiten

Die Vielfalt der Kultur

In diesem Buch geht es um die Kultur der Postmoderne. Bevor wir die Postmoderne „ins Visier“ nehmen, sind allerdings einige Vorarbeiten zu leisten. Zunächst geht es um den Begriff „Kultur“. Was haben wir unter dem Phänomen der Kultur zu verstehen? Wie interpretieren wir Kultur? Welchen Einfluss hat Kultur auf uns Menschen? Prägt Kultur auch unsere Vorstellungen über Gott?

Der Begriff „Kultur“ ist heute mehrdeutig und vielschichtig.[1] Oberflächlich verbindet fast jeder damit etwas anderes. Der eine denkt an ein gutes Essen in einem Vier-Sterne-Restaurant, der andere an einen Verein, der sich um die Folklore einer bestimmten Volksgruppe bemüht. Wieder andere mögen an religiöse Kulte oder an die künstlerische Avantgarde denken. Sogar Menschen, die sich gründlich mit Kulturen befassen, können sich nicht auf einen gemeinsamen Kulturbegriff einigen. Alfred Kroeber (1876 – 1960) und Clyde Kluckhohn (1905 – 1960), zwei berühmte amerikanische Völkerkundler, haben 1952 in einem Buch 200 verschiedene Kulturdefinitionen zusammengetragen.[2] Ihr Werk dokumentiert, dass mit Kultur verschiedenste Vorstellungen verknüpft werden und dabei der Kulturkreis, in dem jemand aufwächst, eine tiefe Prägung hinterlässt. Beschreibungen, Interpretationen und Wertungen von Kultur erfolgen nicht losgelöst von gesellschaftlichen Prägungen und von weltanschaulichen Denkvoraussetzungen.

Auf die Perspektive kommt es an

Unsere *Denkvoraussetzungen* oder – wie wir auch sagen können – Verstehensvoraussetzungen sind so etwas wie Brillengläser, durch die wir die Welt sehen. Cornelius Van Til (1895–1987), ein aus den Niederlanden stammender einflussreicher christlicher Apologet[3] in den USA, hat diesen Sachverhalt gern an dem Beispiel einer Blume veranschaulicht. Was eine Blume ist, hängt von den Denkvoraussetzungen ab, mit denen ein Betrachter die Blume sieht. Es gibt keine *reine* Blume, so wie es auch keine *reinen* Fakten gibt (lat. bruta facta). Im zweiten Teil der *Philosophischen Untersuchungen* zeigt der österreichische Philosoph Ludwig Wittgenstein anhand einer Kippfigur, dass ein und derselbe Gegenstand vom Betrachter unterschiedlich wahrgenommen werden kann.[4]

Abbildung 1: Den Hasen-Enten-Kopf nach Jastrow kann man als Hasen- oder Entenkopf interpretieren.

Ob ich die Abbildung als Entenkopf, Hasenkopf oder etwas anderes wahrnehme, hängt nicht nur von der Figur ab, sondern auch davon, wie der Betrachter die Figur interpretiert. Menschen sehen die Dinge so, wie sie die Dinge deuten. Wer Enten, aber keine Hasen kennt, wird in der Figur schnell eine Ente erkennen. Auch das Umfeld spielt eine Rolle. Wäre der Kopf von lauter Hasen umgeben, würden Betrachter dazu neigen, die Figur als einen Hasenkopf zu deuten. Wahrnehmungsprozesse sind geprägt von Erfahrungen und Erwartungen. Sogar ein so schlichter Beobachtungsgegenstand wie eine Blume ist nicht eindimensional interpretierbar. Die Bedeutung der Blume hängt vom Kontext und vom Betrachter ab. Die weltanschaulichen Verstehensvoraussetzungen fungieren beim Verstehensprozess wie eine Brille, durch die wir die Welt sehen. Die Denkvoraussetzungen eines Menschen, der Natur oder Kultur beobachtet, beschreibt und zu erklären versucht, fließen in seine Überlegungen ein, auch dann, wenn er um Sachlichkeit und Objektivität bemüht ist.

Versuch einer Definition

Gibt es vielleicht einen kleinen gemeinsamen Nenner, der die unterschiedlichen Kulturdefinitionen miteinander verbindet? Versuchen wir es damit: Als Kultur bezeichnen wir die Gesamtheit aller Leistungen, die Menschen innerhalb einer bestimmten Gruppe erbringen. Dabei umfasst Kultur alle menschlichen Aktivitäten und die aus ihnen hervorgegangenen Errungenschaften. Sprache, Ideen, Gewohnheiten, Institutionen, Codes, Tabus, Technologien, Kunst, Musik, Zeremonien, Symbole und vieles andere mehr gehören zur Kultur.

Der Theologe Richard Niebuhr (1894–1962) nennt uns in seinem Mitte des 20. Jahrhunderts entstandenen Buch *Christ and Culture* drei Merkmale von Kultur, die uns helfen können, den Begriff noch etwas zu schärfen:[5]

(1) Kultur ist etwas Gemeinschaftliches. Kultur ist sozial oder das Produkt sozialer Interaktion innerhalb einer Gruppe von Menschen.

(2) Kultur ist ein menschliches Unterfangen. Schon antike Definitionen kennen den Begriff als die Gesamtheit des Vorgefundenen im Unterschied zu dem, was Menschen mit dem Vorhandenen anstellen. Niebuhr schreibt: „Ein Fluss ist Natur, ein Kanal ist Kultur ..."[6] Wie die Tiere sind auch wir Menschen Teil der Natur. Aber wir können die vorhandene Natur nutzbar machen, da wir – anders als Tiere – schöpferische Wesen sind.

(3) Die kulturellen Aktivitäten und Errungenschaften sind mit bestimmten Werten verbunden. Was immer Menschen

geschaffen haben oder schaffen: Es dient einem Zweck und hat einen Wert. Natürlich gibt es innerhalb einer Kultur miteinander konkurrierende Wertvorstellungen, die sich auch ändern. Aber einige Werte prägen eine Gesellschaft stärker als andere. Meist sind es Werte, von denen man (oder jemand) annimmt, dass sie für die Menschen in der Gesellschaft gut und nützlich sind.

Niebuhrs Kulturdefinition ist durchdrungen von dem Motiv der Verfeinerung. Indem wir Menschen das Land bebauen, Pflanzen und Tiere züchten und pflegen, verfeinern wir die Schöpfung. Sofern wir uns geistig und musisch bilden, kultivieren wir uns selbst. Der kultivierte Mensch ist ein zivilisierter Mensch. Kultur verändert, verbessert und verschönert Natur.

So hilfreich diese Aspekte älterer Kulturtheorien sind, sie vernachlässigen einen Prozess, den ich einmal als kulturelles Feedback bezeichnen möchte. Die Kultur meldet sich zurück und verändert in gewisser Weise wiederum uns Menschen. Über kommunikative Rückkopplungsprozesse dringt sie tief in unsere Seele ein. Die Ideen und Kommunikationsstrukturen machen etwas mit uns. Kultur verstehen heißt zu durchschauen, was mit den Menschen passiert, die in ihr leben. Unser Innenleben ist durchsetzt von der Welt der Kultur da draußen. Wir atmen sie ein wie die Luft, ja, können ohne sie nicht leben.

Bevor wir uns die Gegenwartskultur anschauen und damit endlich zur Postmoderne kommen, möchte ich noch drei wichtige Aspekte ansprechen.

1. Man sollte sein Reisegepäck kennen

Kultur ist eine Art Reisegepäck, das wir – ob wir es wissen oder nicht – immer mit uns herumtragen. Weil es besser ist zu wissen, was man mit sich herumträgt (z.B. bei der Sicherheitskontrolle am Flughafen), sollten wir unsere Lebenskultur kennen. Wer Kultur nicht durchschaut, kann nicht bewusst leben. Was ein Mensch unverstanden mit sich herumschleppt, kann ihn beherrschen, ohne dass er es merkt. Deshalb ist es so wichtig, die Kultur, die wir atmen, zu verstehen. Leider durchschauen Menschen oft den Einfluss ihres Kulturkreises erst, wenn sie für längere Zeit in einem anderen Kulturraum leben.

2. Der Mythos von der Neutralität

Der Brite Edward Burnett Tylor (1832–1917) gilt als der Begründer der modernen Völkerkunde (Ethnologie, von griech. *ethnos*, Volk). In seinem Hauptwerk *Primitive Culture*, das 1871 erschien, heißt es: „[Kultur ist] im weitesten ethnographischen Sinne jener Inbegriff von Wissen, Glauben, Kunst, Moral, Gesetz, Sitte und allen übrigen Fähigkeiten und Gewohnheiten, welche der Mensch als Glied der Gesellschaft sich angeeignet hat."[7] Diese Definition rief seinerzeit in der Fachwelt Entsetzen hervor. Bis dahin gebrauchten Völkerkundler für die Beschreibung sogenannter primitiver Völker Begriffe wie Bräuche, Rituale, Kulte und Magie. Tylor dagegen benutzte Worte, die für die westliche Zivilisation reserviert waren. Indem er anderen Kulturen zivilisierte Abläufe zuschrieb, stellte er das bis dahin vorausgesetzte Gefälle zwischen den Kulturen infrage.

Der Versuch, Kulturen wertfrei zu beschreiben, verdient Respekt und es ist begrüßenswert, dass sich dieser Ansatz inzwischen etabliert hat. Dennoch müssen wir aufpassen: So hilfreich möglichst wertfreie Kriterien für das Beschreiben von Kultur auch sind – die Kulturen selbst sind nicht neutral. Kulturen sind immer auch Repräsentanten von ethischen und religiösen Wertvorstellungen. Kultur ist die äußere Seite von inneren Überzeugungen und Einstellungen.

Der Schweizer Theologe Emil Brunner (1889–1966) hat während seiner Gifford-Vorlesungen 1947 an der Universität von St. Andrew sogar herausgearbeitet, dass kulturelle Krisen durchaus etwas mit Glaubenskrisen zu tun haben können.[8]

Da, wo Kultur ihre geistliche Verwurzelung verliert, kann sie lebensfeindlich und zerstörerisch werden.

3. Kultur und Evangelium: Freunde oder Feinde?

Schließlich müssen wir lernen, Kultur und Evangelium zu unterscheiden. Wenn ich nachfolgend vom Evangelium spreche, habe ich die „Frohe Botschaft" im Sinn, dass Gott in Menschwerdung, Tod und Auferstehung von Jesus Christus zum Heil der Welt gehandelt hat (vgl. Johannes 3,16 und Römer 1,17). Die Bibel berichtet davon, dass die Menschen sich von Gott abgewandt haben. Sie leben nicht für Gott und haben deshalb die Gottesferne verdient (vgl. Römer 3,23). Aber Gott hat sich uns Menschen in Jesus Christus zugewandt. Durch den Glauben an Jesus Christus können Menschen wieder mit Gott versöhnt werden. Das ist die froh machende Botschaft, das ist das Evangelium.

Die Erörterung der Frage, wie Kultur sich zum Evangelium verhält, ist eine kontroverse Angelegenheit. Brauchen Christen Kultur? Braucht die Kultur Christus? Wenn wir Menschen uns tatsächlich nur mit den Augen unserer Kultur sehen, könnten wir vermuten, dass das Evangelium Teil der Kultur ist. Oder gilt vielleicht umgekehrt, dass das Christentum die Aufgabe hat, die Kultur zu evangelisieren und eine christliche Kultur aufzubauen?

Beide Positionen sind kirchengeschichtlich belegt und haben – um es vorsichtig auszudrücken – einiges Unheil gestiftet. Sowohl der Versuch, Evangelium in der Kultur aufgehen zu lassen, als auch der Versuch, eine rein christliche Kultur zu schaffen, beruhen auf Missverständnissen. Es gibt kein kulturfreies Evangelium. Die Vorstellung, man könne durch Zensur oder völligen Rückzug aus der Gesellschaft das Evangelium von allen kulturellen Einflüssen reinigen, beruht auf einer falschen Denkvoraussetzung. Lesslie Newbigin hat es einmal so formuliert: „Wo immer das Evangelium in Worte gefasst wird, steht es unter dem Einfluss der Kultur, zu der diese

Worte gehören. Und jede Lebensweise, die die Wahrheit des Evangeliums ausdrücken will, ist eine kulturell bestimmte Lebensweise. Ein kulturfreies Evangelium wird es niemals geben."[9]

Auf der anderen Seite warnt uns das Evangelium, das selbst in eine bestimmte Kultur einging, vor der Überhöhung irgendeiner Kultur. So wie das Evangelium schon vor 2000 Jahren die jüdische und römische Kultur hinterfragte, übt es auch heute Kulturkritik. Vor einer falschen Kulturvermischung hat im 20. Jahrhundert besonders Karl Barth (1886–1968) gewarnt. Seine ganze Theologie versucht zu zeigen, dass Traditionen, ob nun religiös oder nicht, vor dem Evangelium kein eigenes Recht beanspruchen können. Wo Evangelium verkündigt wird, geschieht das über Kultur, und doch ist das Wesen des Evangeliums nicht Bestandteil irgendeiner Kultur, sondern die Frohe Botschaft, die von Gott kommt. Das Vorwort zur ersten Auflage seines berühmten Römerbrief-Kommentars eröffnet Barth mit den starken Worten: „Paulus hat als Sohn seiner Zeit zu seinen Zeitgenossen geredet. Aber viel wichtiger als diese Wahrheit ist die andere, dass er als Prophet und Apostel des Gottesreiches zu allen Menschen aller Zeiten redet. Die Unterschiede von einst und jetzt, dort und hier, wollen beachtet sein. Aber der Zweck der Beachtung kann nur die Erkenntnis sein, dass diese Unterschiede im Wesen der Dinge keine Bedeutung haben."[10] Wir werden noch einmal auf diese wichtige Unterscheidung zurückkommen.

2. Die Postmoderne verstehen

Epoche, Ideologie, Projektionsfläche, Phantom?

Wie jede andere Philosophie oder Kultur entwickelte sich auch die Postmoderne nicht in einem Vakuum. Sie hat eine Geschichte und die lateinische Vorsilbe *post* führt uns auf ihre Fährte. In seiner starken Form bedeutet es „nachher" oder „später" und meint zusammen mit „Moderne" offensichtlich die Zeit oder das Denken im Anschluss an die Moderne. Zeitlich verstanden würde die Postmoderne also die Epoche nach der Moderne kennzeichnen. In seiner schwächeren Form kann *post* zudem aber einen Zustand anzeigen, dessen Beschreibung noch unsicher ist.[11] In diesem Sinne würde Postmoderne die Moderne nicht verabschieden, sondern befragen oder hinterfragen. So soll der Eindruck eines radikalen Bruchs von der Moderne zur Postmoderne vermieden werden. Gehört die Postmoderne also noch zur Moderne? Bezeichnet sie eine Epoche oder eine Ideologie, einen Paradigmenwechsel, eine Einstellung oder eine Protestbewegung? Ist die Postmoderne etwas Neues oder nur radikal entwickelte Moderne? Wann wird die Postmoderne vorbei sein? Ist sie vielleicht schon vorbei oder ist die Postmoderne vielleicht nur ein Phantom?

Schier unzählige Bücher beschäftigen sich mit diesen Fragen und es wird uns hier nicht gelingen, auch nur eine davon abschließend zu beantworten. Alles ist im Fluss, fest steht lediglich: „Das Verhältnis von Postmoderne und Moderne ist verwickelter, als man oft angenommen hat."[12]

Wolfgang Welsch, einer der renommiertesten Postmoderne-Forscher in Deutschland, sympathisiert mit einer modifizierten, mit einer zweiten Moderne.[13] „‚Unsere postmoderne Moderne' meint eine Moderne, welche gerade die Motive, die unter dem Stichwort ‚Postmoderne' ins Bewusstsein gerückt sind, entschieden aufnimmt und sich dadurch kritisch von allen vorausgegangenen Versionen von Moderne unterscheidet."[14] Demnach wäre es falsch, Postmodernismus einfach als anti-modernistisches Phänomen wahrzunehmen. Die Postmoderne ist eben nicht, obwohl dies ihr Name suggerieren könnte und ein oft wiederholtes Missverständnis unterstellt: „eine Trans- und Anti-Moderne“[15]. Ihre Grundstimmung – nämlich Pluralität oder Vielfalt – ist von der Moderne selbst Anfang des 20. Jahrhunderts schon wahrgenommen und propagiert worden.

„Die Postmoderne situiert sich weder nach der Moderne noch gegen sie. Sie war in ihr schon eingeschlossen, nur verborgen.“ *Jean-François Lyotard*[16]

Wahrscheinlich sollten wir uns – ein wenig postmodern – Peter Zima und Dietmar Kamper anschließen, die die Postmoderne „sowohl als Bruch mit der Moderne als auch als deren Fortsetzung mit neuen Mitteln“[17] verstehen. Demnach ist die Postmoderne schon in der Moderne eingeschlossen. Aber sie treibt den Monotheismus der Vernunft so weit, dass sie die Vernunft selbst nicht mehr vor ihrer eigenen Kritik schützen kann und tiefes Misstrauen gegenüber dem Projekt Moderne entwickelt. Sie hat den Respekt vor dem Einheitsdenken der Moderne verloren und bricht so mit ihrer eigenen Vergangenheit.

Der Begriff „postmodern“

- 1870 erstmalig in England verwendet in der Kunstkritik.
- 1960 taucht er in der Literaturkritik in den USA auf.
- 1969 wird durch Leslie Fiedler der Begriff in der Literaturkritik populär. Fiedler veröffentlichte seinen Aufsatz „Überquert die Grenze, schließt den Graben!“ programmatisch im *Playboy*. Die deutsche Übersetzung erschien in *Christ und Welt*.

- 1975 in der Architektur; seither in allen Bereichen künstlerischen Schaffens und im Alltag.
- 1979 erst taucht der Begriff in der Philosophie auf. François Lyotard verwendet ihn in seiner Schrift *La Condition postmoderne* (dt. „Das postmoderne Wissen") als Grundkategorie (nach)modernen Denkens.

Nicht nur die Vorsilbe *post* ist mehrdeutig. Denn was ist gemeint, wenn wir von der Moderne sprechen? Hierzulande wird Moderne oft auf die Literatur oder Kunst des späten 19. bzw. frühen 20. Jahrhunderts bezogen. Theodor W. Adorno lässt beispielsweise die Moderne 1850 beginnen. Das kann uns dazu verführen, Postmoderne als einen Reflex auf die kulturgeschichtliche Moderne der Jahrhundertwende einzuordnen. Weil dies zu kurz greift, benutzen viele postmoderne Autoren „Moderne" als ein Synonym für Aufklärung. Dann würde Moderne eine Epoche beschreiben, die philosophisch mit Kant 1781 und politisch mit der Französischen Revolution 1789 einsetzte und zwischen den beiden Weltkriegen in Europa nd Nordamerika ihren Höhepunkt erreichte. Wir sollten jedoch Moderne besser im Sinne der französischen *temps modernes* oder des englischen *modern thought* verstehen. Dann entspricht die Moderne der Periode, die wir im Deutschen als Neuzeit bezeichnen. Die Neuzeit begann irgendwann zwischen 1470 (mit der italienischen Renaissance) und 1700. Einige Historiker bringen den Beginn der Neuzeit mit der Entdeckung Amerikas 1492 in Verbindung. Andere Gelehrte, wie der Reformator Philipp Melanchthon, verweisen auf den Fall Konstantinopels im Jahre 1453.

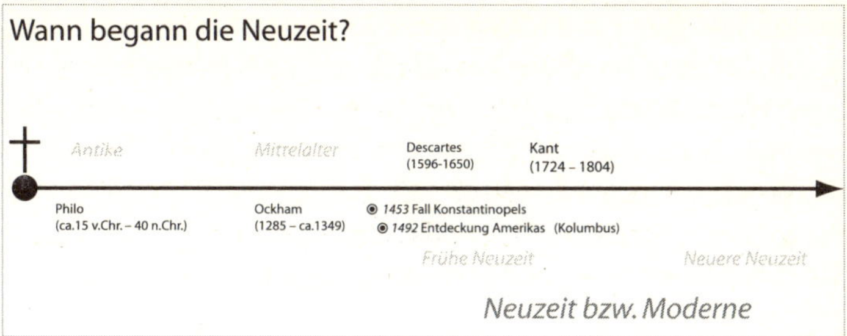

Abbildung 2: Wann begann die Neuzeit?

Postmoderne schließt also an die Neuzeit an. In ihrem Visier erscheint nicht nur die kunstgeschichtliche Moderne oder der Modernismus (der als kritische Bewegung der Neuzeit angesehen werden kann), sondern die Epoche vom 15. Jahrhundert bis zur Mitte des 20. Jahrhunderts. Bevor wir zur Postmoderne kommen, werfen wir einen Blick auf die Epoche, auf die sich diese bezieht.

Die Moderne: Auf der Suche nach einem sicheren Fundament

Der Eintritt in das neuzeitliche Denken

Die Weichen für die Neuzeit wurden von dem bedeutendsten Theologen der Scholastik, Thomas von Aquin (1225–1274), gestellt. Schon während seiner Lehrtätigkeit in Paris zwischen 1255 und 1259 hat er seine Erkenntnistheorie in Grundzügen entwickelt. In seinem Kommentar zu Boethius' *De trinitate* führt er die Unterscheidung zwischen Theologie und Philosophie ein. Die Philosophie schöpft ihr Wissen aus einem Bereich, der mit der natürlichen Vernunft erkennbar ist, die Theologie bezieht dagegen ihre Erkenntnisse aus einer göttlichen Offenbarung. Zwar ist die natürliche Erkenntnis auf die natürliche Wahrnehmung begrenzt, aber sie erlaubt dem Menschen einen autonomen Erkenntniszugang. Mit dem Verstand besitzt der Mensch die Fähigkeit, aus eigenem Vermögen die Dinge der natürlichen Welt und die Wahrheit zu erkennen.

Nachdem Thomas von Aquin die Tür einen Spalt weit geöffnet hatte, verschob sich das Denkklima in Europa immer mehr in Richtung Rationalismus. Die menschliche Vernunft trat zunehmend selbstbewusster auf und konnte sich gegenüber bis dahin unkritisch übernommenen Offenbarungsansprüchen behaupten. Während im Mittelalter das „Ich glaube, um zu verstehen!" des Anselm von Canterbury (1033/34–1109) galt, kann der Satz „Ich glaube, was ich verstehe!" als das Credo der Neuzeit bezeichnet werden.

Die Vorbehalte gegenüber den Wahrheitsansprüchen des christlichen Glaubens wurden nicht allein am Schreibtisch geboren. Sie stehen im Zusammenhang mit den Wirren des 16. und 17. Jahrhunderts. Der Dreißigjährige Krieg und die konfessionellen Kontroversen verunsicherten Intellektuelle und Politiker. Da nicht auszuschließen war, dass die „göttlichen Dogmen" selbst für die Spaltungen und Kämpfe zwischen den unterschiedlichen Gruppen verantwortlich waren, häuften sich die Bedenken gegenüber den überkommenen Schulmeinungen. Hans-Georg Gadamer (1900–2002), der Begründer der philosophischen Hermeneutik, beschrieb die aufklärerische Stimmung der damaligen Zeit mit folgenden Worten:

„Nun ist es die allgemeine Tendenz der Aufklärung, keine Autorität gelten zu lassen und alles vor dem Richterstuhl der Vernunft zu entscheiden. So kann auch die schriftliche Überlieferung, die Heilige Schrift wie alle andere historische Kunde, nicht schlechthin gelten, vielmehr hängt die mögliche Wahrheit der Überlieferung von der Glaubwürdigkeit ab, die ihr von der Vernunft zugebilligt wird. Nicht Überlieferung, sondern die Vernunft stellt die letzte Quelle aller Autorität dar."[18]

René Descartes (1596–1650) war der Mann, bei dem sich die Skepsis gegenüber dem scholastischen Denken mit der Hochschätzung der Vernunft verband. Der Katholik Descartes suchte methodisch mithilfe des Zweifels nach einem nicht mehr anfechtbaren Fundament jeder Erkenntnis. Er wollte durch die radikale Kritik aller Scheingewissheiten zu einer absoluten Position, einem archimedischen Punkt gelangen, der unmittelbar evident einzusehen ist. Das Letzte, was er nicht mehr bezweifeln kann, entdeckt Descartes im Selbstbewusstsein. Da alle Gründe, die er gegen seine Existenz vorbringen kann, zugleich für seine Existenz sprechen – denn er ist es ja, der da denkt –, ist er an einem Punkt angekommen, der nicht mehr bezweifelt werden kann.

„Und so komme ich, nachdem ich nun alles mehr als genug hin und her erwogen habe, schließlich zu der Feststellung, dass dieser Satz: ‚Ich bin, ich existiere', sooft ich ihn ausspreche oder in Gedanken fasse, notwendig wahr ist." *(Meditationen, 22)*

Descartes hat sein Fundament gefunden. Sein *cogito ergo sum* (dt.: „Ich denke, also bin ich.") ist für ihn unerschütterliche Grundlage, die Wissen gewährleistet. Damit war ein epochales Signal gesetzt. Nicht die Tatsache, dass Descartes im Selbstbewusstsein ein unumstößliches Fundament fand, ist umwälzend. In der Ideengeschichte der Menschheit hat es viele solcher archimedischen Punkte gegeben. Epochal war der Versuch einer Selbstbegründung. Während die Menschen bis dahin sich selbst und ihre Normen mit dem Verweis auf Gott legitimiert hatten, hat Descartes die Letztbegründung im Selbst gesucht. Er wollte durch dieses Verfahren alles von Grund auf neu gestalten. „Der Selbstbegründungsanspruch der Moderne führte zu einer Radikalität der Neusetzung, die jedes historische Paradigma verwarf."[19] Die Moderne, so paraphrasiert Jürgen Habermas Michel Foucault, ist dazu verurteilt, „ihr Selbstbewusstsein und ihre Norm aus sich selbst zu schöpfen".[20]

Die Geburt der neuzeitlichen Wissenschaften wirkte unvorstellbar innovativ auf die Kultur Europas. Die Entdeckung neuer Seewege ließ den Handel florieren. Die Entwicklung der Buchdruckerkunst erlaubte einen bis dahin nie da gewesenen Wissenstransfer. Die Reformation veränderte nicht nur das Kirchenleben, sondern förderte trotz aller ausgelösten Wirren und Kriege freiheitliche Gesellschaftsformen. Die klassische Physik Isaac Newtons (1643–1727), die die Bewegung der Himmelskörper und die Erdanziehungskraft beschreibt, revolutionierte das physikalische Weltbild grundlegend. Die Neuzeit war getragen von dem zuversichtlichen Glauben, dass der Mensch fähig ist, Wahrheit zu erfassen, Wissen zu erwerben und darauf aufbauend freie Gesellschaften zu organisieren.

Die Erkenntnislehre, deren Entwicklung die neuzeitliche Wissenschaft begleitete, hat sich im Ringen mit der christlichen Denktradition entwickelt.[21] Sie korrespondiert in gewisser Weise mit der jüdisch-christlichen Schöpfungslehre. Da Gott die gesamte Welt schuf und erhält, können Menschen mit ihren intelligiblen[22] Fähigkeiten die Welt erkennen. Karl Popper, der wahrscheinlich einflussreichste Philosoph des 20. Jahrhunderts, schreibt unter Verweis auf den Apostel Paulus sowie auf Baruch Spinoza und John Locke: „Das Kernstück dieser neuen optimistischen Auffassung von der Möglichkeit der Erkenntnis ist die Lehre, dass die Wahrheit offenbar ist. Die Wahrheit mag verschleiert sein; aber sie kann sich uns enthüllen. Und wenn sie sich nicht von selbst enthüllt, kann sie von uns enthüllt werden."[23]

Diese optimistische Grundhaltung setzte bisher vernachlässigte Kreativität frei und verlieh dem Erfindergeist neuen Mut (Renaissance). Es war eine Zeit des Aufbruchs und des Humanismus und es war die Geburtsstunde der modernen Wissenschaft. „Für die Wissenschaftsgeschichte ist dieser Zeitabschnitt die Ouvertüre zu einem ganz neuen Zeitalter. Neues Leben regte sich in fast allen Zweigen des Wissens und Forschens. Fast all die Themen wurden angeschlagen, die von den folgenden Jahrhunderten breiter aus- und durchgeführt wurden. Die wissenschaftlichen Taten und Entdeckungen dieser Zeit geben der ganzen folgenden Wissenschaftsentwicklung den Schwung und die Richtung."[24]

Gleichzeitig löst sich aber die neuzeitliche Erkenntnislehre von den Verstehensvoraussetzungen der christlichen Metaphysik und behauptet das Selbstbewusstsein des Subjekts als Grundlage für das Aufspüren von Wahrheit. Der wissenschaftliche Diskurs bekam ein neues Gesicht. Die Trennung von Glaube und Wissen, der politisch die Trennung von geistlicher und weltlicher Macht entsprach, konnte sich selbstsicherer etablieren. Die Wissenschaften orientierten sich immer bewusster an den Natur- und Humanwissenschaften.

Diesem Fokus entsprechen die zwei großen Wendepunkte der neuzeitlichen Geistesgeschichte. Der erste betrifft das Weltbild. Nikolaus Kopernikus (1473–1543) entdeckte, angeregt durch die Lektüre von Cicero und Plutarch, dass die Erde nicht der Mittelpunkt des Universums ist, sondern um die Sonne kreist. Ungefähr 250 Jahre später stellte Immanuel Kant in seiner Kritik der reinen Vernunft die Frage nach der Möglichkeit der Metaphysik als Wissenschaft. Für Kant ist es unser Erkenntnisapparat selbst, der in das anfängliche Chaos der Sinneseindrücke Ordnung bringt. Unser Erkenntnisapparat ist nicht passiver Empfänger, sondern erstellt aus dem gegebenen Rohmaterial der Eindrücke aktiv Gegenstände der Erkenntnis. Er produziert zwar nicht die Wirklichkeit selbst, wohl aber die Welt, wie sie in unserem Bewusstsein gegeben ist. Wir Menschen haben keinen Zugriff auf die Wirklichkeit an und für sich, sondern nur auf die Welt, wie sie uns erscheint. Der „Verstand schöpft seine Gesetze a priori[25] nicht aus der Natur, sondern schreibt sie dieser vor" (Prolegomena § 36).

Die Folgen dieser zweiten „kopernikanischen Wende" waren (und sind) gewaltig. Kants Erkenntnistheorie eröffnete einleuchtenderweise eine radikale Kritik metaphysischer Überlegungen. Wenn wir Menschen schon nicht wissen, wie es um die gegenständliche Welt jenseits ihrer Erscheinung in unserem Bewusstsein bestellt ist, so verbietet sich erst recht jedes Wissen außerhalb der Grenzen sinnlicher Erfahrung. So heißen die großen Themen der Neuzeit nicht „Gott" und „Seele", sondern „Mensch" und „Kosmos".

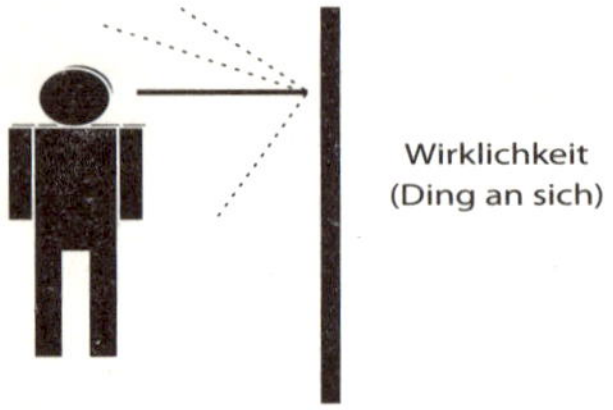

Abbildung 3: Kants kopernikanische Wende. Wir Menschen haben keinen Zugang mehr zu der Welt, wie sie wirklich ist. Wir kennen die Welt nur so, wie sie uns erscheint.

Neun Merkmale der Moderne

John Dewey (1859–1952), Ernst Troeltsch (1865–1923) und andere haben den Geist der Moderne beschrieben. Nachfolgend werde ich auf der Grundlage ihrer Arbeiten die wichtigsten Eigenheiten der Moderne zusammenfassen:[26]

(1) Naturalismus. Die Moderne ist nicht mehr durch das Übernatürliche vereinnahmt. Sie interessiert sich dagegen für das Natürliche, Irdische und Weltliche.

(2) Anthropozentrik. Entgegen der mittelalterlichen Unterordnung der Wissenschaft unter die kirchliche Autorität, finden wir in der Moderne einen wachsenden Glauben an die Kraft des individuellen menschlichen Geistes, der durch Beobachtung, Erfahrung und Reflexion die Wahrheit entdecken kann.

(3) Optimismus. Die Moderne ist durch einen unerschütterlichen Fortschrittsglauben gekennzeichnet. Die Zukunft beherrscht die Einbildungskraft mehr als die Vergangenheit. Das goldene Zeitalter liegt vor uns, nicht hinter uns.

(4) Kultivierung. Schließlich ermöglicht das geduldige und experimentelle Studium der Natur Erfindungen, die uns helfen, die Natur zu bändigen und sie gesellschaftlich nutzbar zu machen.

(5) Tendenz zur Vereinheitlichung. Die großen Denker der Moderne halten am Grundgedanken einer einheitlichen, harmonischen Welt fest. Das experimentelle Aufspüren der Strukturen und Gesetze erlaubte ein tieferes Verstehen der Schöpfung. Roger Cotes (1682–1716), Herausgeber der zweiten Auflage der *Prinzipien der Physik* von Isaac Newton, gewährt uns in seinem Vorwort Einblick in die damals weit verbreitete Auffassung von der Harmonie der Welt. Seiner Meinung nach war der kunstvolle und harmonische Aufbau der Welt so überwältigend, dass nur ein Narr darin „die unendliche Weisheit und Güte des allmächtigen Schöpfers" nicht zu erkennen vermag.[27] Trotz der schon in der Neuzeit fortschreitenden Zersplitterung der Welt in nicht mehr zu verknüpfende Einzelphänomene wird die Welt zusammengehalten durch den Glauben an eine einheitliche Wirklichkeit.

(6) Universalismus. Eng verbunden mit der Harmonie des Universums ist der Glaube, die Gesetze, die man durch die Beobachtung des Kosmos findet, haben universelle Geltung. Das gilt nicht nur für die Naturgesetze, sondern auch für moralische Werte. Ein Mord ist verwerflich, unabhängig davon, wo er geschieht. 1+1=2 gilt, unabhängig davon, ob ich diese Aufgabe in Europa oder in Afrika oder im 17. oder 18. Jahrhundert löse.

(7) Realismus und Objektivismus. Die Menschen – von einigen Ausnahmen abgesehen (z.B. George Berkeley) – waren von der Existenz einer Außenwelt überzeugt, die unabhängig von ihren Bewusstseinszuständen existierte. Diese Position

wird auch als metaphysischer Realismus bezeichnet. Es gibt eine Welt da draußen, die gänzlich unabhängig von mir existiert. Ein Tisch ist ein Tisch, unabhängig davon, ob ich über den Tisch nachdenke oder nicht. Aber nicht nur an eine objektive Welt glaubte man, sondern auch an eine objektive oder absolute Wahrheit. Dies soll nicht den Eindruck erwecken, typisch moderne Denker meinten, absolute Wahrheit zu besitzen. Sie waren aber davon überzeugt, dass absolute Wahrheit existiert und – zumindest theoretisch oder potenziell – entdeckt werden könne.

Die Wahrheitstheorie, die den Vorstellungen der Neuzeit entspricht, wird als Korrespondenztheorie der Wahrheit bezeichnet. Die Grundidee dieser ältesten Theorie der Wahrheit ist einfach: Eine Aussage ist wahr, wenn der in ihr behauptete Sachverhalt mit der Wirklichkeit übereinstimmt. Der Satz „Es regnet." ist genau dann wahr, wenn es wirklich regnet.

(8) Rationalismus. Die Neuzeit konzentriert sich auf die vernunftgemäßen Kapazitäten des Menschen und ist damit eine Epoche des Rationalismus. Rationalismus meint, dass die menschliche Vernunft als ultimatives Klärungs- und Bewertungskriterium angenommen wurde. Alles muss sich vor dem Forum menschlicher Vernunft verantworten. Unter vernunftgemäßem Denken versteht man ein Denken in kausalen und logischen Zusammenhängen. Weil jede Wirkung eine Ursache hat, ist Wissenschaft eine Suche nach Gründen. Da Vernunft an Begriffe und Sprache gebunden ist, gewinnen formalisierte Sprachen, besonders die Mathematik als reinste Form logischer Ausdrucksfähigkeit, an Bedeutung.

Verbunden damit ist der hohe Stellenwert des Zweifels und der Kritik. Nichts mehr ist heilig. Alles jenseits der reinen Vernunft (Immanuel Kant) darf kritisiert werden. Besonders betroffen davon ist natürlich jeglicher Offenbarungsanspruch (was zu Bibelkritik bzw. Religionskritik führte). Gadamer schreibt:

„Denn die Kritik der Aufklärung richtet sich in erster Linie gegen die religiöse Überlieferung des Christentums, also die Heilige Schrift. Indem diese als ein historisches Dokument verstanden wird, gefährdet die Bibelkritik ihren dogmatischen Anspruch. Darauf beruht die eigentümliche Radikalität der modernen Aufklärung gegenüber allen anderen Aufklärungsbewegungen, dass sie sich gegen die Heilige Schrift und ihre dogmatische Auslegung durchsetzen muss. Ihr liegt daher das hermeneutische Problem in besonderer Weise am Herzen. Sie will die Überlieferung richtig, d.h. vorurteilslos und vernünftig verstehen."[28]

(9) Dualismen. Charakteristisch für die Neuzeit sind schließlich diverse Dualismen. Zu denken ist hier an den Dualismus von Geist und Materie. Auch wenn wir schon in der Antike und im Mittelalter dualistische Vorstellungen finden, war es René Descartes, der die Unterscheidungen zwischen Geist *(res cogitans)* und Körper *(res extensa)*, klassisch ausformulierte. Bezeichnend ist auch der Dualismus von Objektivität und Subjektivität. Wissenschaft setzt auf die Ausschaltung persönlicher Vorurteile und Vorlieben. Vom Wissenschaftler wird Distanz zum Untersuchungsgegenstand seiner Arbeit erwartet. Auch der Dualismus von Theorie und Praxis findet in neuzeitlichem Denken wohlwollende Aufnahme. Erst wenn ich eine Theorie im Kopf verstanden habe, kann ich sie in der Praxis umsetzen. Die Praxis hat der Theorie zu entsprechen. So wird die Theorie zum Kriterium für das Handeln.

Der Verlust eines sicheren Fundaments

Die Denker der Neuzeit waren auf der Suche nach einer universellen Beschreibung der Welt. Für sie gab es nicht mehrere Wahrheiten, sondern nur eine. Der Neuzeit sind Singularität und Universalität zuinnerst eigen. Mit dem 20. Jahrhundert änderte sich das grundlegend. In ihm werden Pluralität und Partikularität nicht nur denkbar, sondern dominant und verbindlich. Das ist nicht nur in der Philosophie, sondern auch in anderen Bereichen der Fall. Die Umbrüche und Revisionen, die sich um die Jahrhundertwende bereits in der Kunst abzeichneten, brechen sich nun Bahn und erfassen ausgerechnet das „Mark“ neuzeitlicher Kultur, die Wissenschaft.

Friedrich Nietzsche (1844 – 1900)

Eine erste düstere Diagnose stellte der deutsche Philosoph Friedrich Nietzsche. Verstanden bisher große Denker die Welt als sinnvoll, vernünftig und geordnet, so sah Nietzsche Planlosigkeit. Weltanschauungen und Religionen sind nach ihm kein Versuch, „Welt zu lesen“ und in Systemen festzuhalten, sondern Ausdruck für das menschliche Bedürfnis nach Sinn und Struktur. Das Chaos dieser Welt drängt uns, dem Dasein Zweck und Ordnung zuzuschreiben. Philosophie – so Nietzsche – ist nur Fiktion, die uns vor den Gefühlen der Unruhe und Wertlosigkeit schützt. Die metaphysischen Kategorien haben wir der Wirklichkeit nur angedichtet. Sie sind nicht Vorstellung, sondern Verstellung der Welt. Jenseits menschlicher Erzeugnisse gibt es weder Werte noch Gott. Nietzsche ist Nihilist. Er verneint den Zugriff auf eine Welt, die unabhängig von uns Menschen besteht. Die Wissenschaften sind – und dieses Motiv wird später Michel Foucault wieder aufnehmen – Ausdruck des Willens zur Macht.

> **„Die scheinbare Welt ist die einzige, die wahre Welt ist nur hinzugelogen [...]“** *Friedrich Nietzsche*[29]

Sigmund Freud (1856 – 1939)

Sigmund Freud entmystifizierte ebenfalls die Vernunftanbetung, die für die Neuzeit so charakteristisch war. Menschen glauben, vernunftbestimmt zu leben; tatsächlich sind ihre Rationalisierungen nur Verdrängungsmechanismen. Es gibt für Freud keine freien Individuen, nur triebgesteuerte Menschen. Zwar können wir unsere Triebe kultivieren und für Entspannung zwischen Anspruch und Wirklichkeit sorgen. Aber die Ideale der Aufklärung bleiben unerreichbar.

Martin Heidegger (1889 – 1976)

Martin Heidegger, der Motive Sören Kierkegaards und Friedrich Nietzsches aufgriff, hat mit seiner Fundamentalkritik den Sarg, in dem das abendländische Denken zu Grabe getragen wurde, versiegelt. Die Verwissenschaftlichung habe die Menschen das Wesentliche vergessen lassen, das Sein. Wir verstünden das Seiende nur noch als Material für die am Erfolg orientierte Herstellung und Verwertung. Die Technik habe uns Menschen in eine Seinsvergessenheit geleitet. „Die Metaphysik denkt, insofern sie stets nur das Seiende als das Seiende vorstellt, nicht an das Sein selbst."[30] Die Geschichte der Metaphysik komme zu ihrem Ende. Ihrer Überwindung setze eine Absage an die Rationalität voraus. Die Zeit, in der man glaubte, die Welt in Bildern fassen zu können (Weltbilder), sei vorbei. Wir brauchen ein anderes Denken, „ein vom Sein selbst ereignetes und darum dem Sein höriges Denken"[31]. Das gegenüber dem Sein offene Denken rückt Heidegger in die Nähe der Dichtung. Wir erfahren es bestenfalls im Staunen. Von den Wissenschaften und der Philosophie haben wir nichts mehr zu erwarten:

„Die Philosophie wird keine unmittelbare Veränderung des jetzigen Weltzustandes bewirken können. Dies gilt nicht nur von der Philosophie, sondern von allem bloß menschlichen Sinnen und Trachten. Nur noch ein Gott kann uns retten. Uns bleibt die einzige Möglichkeit, im Denken und im Dichten eine Bereitschaft vorzubereiten, für die Erscheinung des Gottes oder für die Abwesenheit des Gottes im Untergang; dass wir im Angesicht des abwesenden Gottes untergehen."[32]

Naturwissenschaften

Auch die sogenannten harten Wissenschaften kollidierten mit dem neuzeitlichen Weltbild. Ohne in die Details zu gehen

(Spezielle Relativitätstheorie, Heisenbergs Unschärferelation, Gödels Unvollständigkeitssatz etc.), können wir sagen, dass die Stimmen derer lauter wurden, die das Zerrissene der Wirklichkeit stärker wahrnahmen und der Suche nach einem einheitlichen Weltbild eine Absage erteilten.

Linguistic turn

Eine enorme Bedeutung kommt der sprachlichen Wende (engl. *linguistic turn*) innerhalb der abendländischen Philosophie zu. Immanuel Kant fragte in seinen kritischen Schriften nicht mehr nach der Wirklichkeit, sondern nach den Formen der Anschauung, durch die wir die Welt wahrnehmen. Auch in den Naturwissenschaften setzte sich zunehmend die Einsicht durch, dass die Naturgesetze nicht faktische Gesetze der Natur sind, sondern nur im Rahmen der Modelle, die wir uns von der Welt machen, gelten. Sie gehören also nicht zur Wirklichkeit, sondern werden von uns Menschen durch Theorien hergestellt.

Abbildung 4: Linguistic turn: Die Menschen haben nur über die Sprache Zugang zur Wirklichkeit. Sinn und Bedeutung von Begriffen kann nicht mehr an sich verstanden werden, sondern wird durch den öffentlichen Gebrauch der Sprache vermittelt. Da jeder eine andere Sprache spricht, lebt jeder in seiner Welt.

Die „sprachliche Wende“ ist nun ein Sammelbegriff für die Entwicklungen, die diesen kritischen Ansatz bis zur Sprache weiterführten. Die Kehrtwendung wurde durch den Poststrukturalismus verwirklicht. Der Poststrukturalismus ist keine homogene Bewegung, aber die Angehörigen dieser Bewegung konzentrieren sich alle auf die Kritik der Sprache. Jacques Derrida (1930–2004), Jacques Lacan (1901–1981), Michel Foucault (1926–1984), Richard Rorty (1931–2007) und Judith Butler (*1956) zählen zu bekannten Vertretern dieser Schulrichtung. Eine besondere Stellung kommt dem genialen Österreicher Ludwig Wittgenstein (1889–1951) zu, der diese Wende vorbereitete. Wittgenstein ist nicht einfach zu verstehen, schon viele helle Köpfe haben sich an ihm die Zähne ausgebissen. Aber wir kommen an ihm nicht gänzlich vorbei, da das Denken der Postmoderne nur verstehen kann, wer die Bedeutung dieser Wende erfasst.

In seinem *Tractatus logico-philosophicus* aus dem Jahre 1918 behauptete Wittgenstein noch eine Abbildtheorie der Sprache. Sprache ist demnach etwas im Geist der Menschen Vorhandenes, das auf reale Dinge verweist. In seinen erst zwei Jahre nach seinem Tode veröffentlichten *Philosophischen Untersuchungen* finden wir eine andere Auffassung von Sprache. Wittgenstein ersetzt dort den Begriff der Bedeutung durch den Begriff des Gebrauchs. „Die Bedeutung eines Wortes ist sein Gebrauch in der Sprache“ (Wittgenstein, § 43). Er fragt nicht mehr nach einer Welt der Tatsachen, die durch Sprache abgebildet werden soll. Die Welt, in der wir leben, ist die Welt unserer Sprache. Die Bedeutung unserer Begriffe wird durch ihren Gebrauch innerhalb der sozialen Gemeinschaften (oder Kulturen) bestimmt. So stellen wir Wirklichkeit in einem andauernden Vollzug des Miteinander-Redens und -Handelns her. Da jede Gemeinschaft ihre eigene Sprache spricht, schafft sie sich je ihre eigene Welt (oder ihre eigenen Sprachspiele). So gibt es so viele Welten, wie es soziale Gemeinschaften gibt. Philosophie beschreibt nicht die Welt, sondern nur noch die sprachliche Darstellung der Welt, wie sie in verschiedenen Gemeinschaften entworfen wird. Es gilt zu verstehen, nach welchen Regeln die Diskurse in den Gesellschaften funktionieren. Philosophie heißt Einsicht bekommen in das Arbeiten unserer Sprache. „Die Probleme werden gelöst, nicht durch die Beibringung neuer Erfahrung, sondern durch Zusammenstellung des längst Bekannten. Die Philosophie ist ein Kampf gegen die Verhexung unseres Verstandes durch die Mittel unserer Sprache" (Wittgenstein, § 109).

Hermeneutische Philosophie (Gadamer)

Die Hermeneutische Philosophie, die eng verbunden ist mit dem Heidegger-Schüler Hans-Georg Gadamer (1900–2002), hat ebenfalls zur Krise des verwissenschaftlichten Weltbildes beigetragen. Gadamer konnte aufzeigen, dass Wissen immer nur Wissen im Rahmen einer „Horizontverschmelzung" ist. Es habe nur den Anschein, „als wäre ‚die Welt der Physik' die wahre, ansichseiende Welt"[33]. Auch die Naturwissenschaften haben einen „ontologischen Horizont, den sie als Wissenschaften gar nicht überschreiten können"[34]. „Die Philosophie muss von Wissenschaft und Methode fordern, dass die ihre Partikularität im Ganzen der menschlichen Existenz und ihrer Vernünftigkeit erkennen."[35] Es gibt kein Verstehen, das von Sprache, Geschichtlichkeit und Vorurteilen frei wäre. Die „Sicherheit, die der Gebrauch wissenschaftlicher Methode gewährt", genüge nicht, „Wahrheit zu garantieren"[36]. Für Gadamer ist jegliches Verstehen, gleichgültig, ob es sich um Texte, Architektur, Kunst oder das Gespräch mit einem Menschen handelt, an die Sprachlichkeit des Seins vor dem Horizont der Zeit gebunden. Dies setzt beim Ausleger von Werken Offenheit und ein Bewusstsein eigener Vorurteile sowie die Bereitschaft zum Dialog voraus.

Soziologische Wissenschaftskritik (Kuhn)

Auch die soziologische Wissenschaftskritik beschädigte den Glauben an eine vernünftige Wissenschaftsentwicklung empfindlich. Der Wissenschaftstheoretiker Thomas Kuhn (1922–1996) behauptete in seinem wichtigsten Werk *Die Struktur wissenschaftlicher Revolutionen*, dass die wissenschaftlichen Entwicklungen nicht von allgemeingültigen oder anerkannten Rationalitätskritiken bestimmt seien, sondern vielmehr stark durch psychologische und bibliografische Faktoren beeinflusst werden. Weltbilder ändern sich revolutionär, nicht kontinuierlich. Theorien oder, um einen klassisch Kuhnschen Begriff zu verwenden, „Paradigmen" leben und sterben mit ihren Vertretern, so seine provokative These.[37] Oft sind im Wissenschaftsbetrieb miteinander konkurrierende Theorien (Paradigmen) nicht miteinander vergleichbar (inkommensurabel). Nach Kuhn muss man die Entwicklung der Einzelwissenschaften, und zwar gerade die der sogenannten exakten Naturwissenschaften, als einen brüchigen und manchmal irrationalen Prozess deuten.

Auf der Suche nach dem Unbegreiflichen (Lyotard)

Um den tiefen Graben zu begreifen, der neuzeitliches und postmodernes Wissen voneinander scheidet, wenden wir uns Jean François Lyotard (1924–1998) zu, dem wichtigsten Vertreter der achtenswerten Postmoderne.[38]

Lyotard erarbeitete im Auftrag der Regierung von Québec 1979 eine Analyse über das Wissen in den höchstentwickelten Gesellschaften, aus der das Buch *Das postmoderne Wissen*[39] hervorging. Diese Gelegenheitsschrift erlangte unbeabsichtigt den Status eines Manifests, in dem die neuen Entwicklungen in Wissenschaft, Politik, Kunst und im Alltag als Phänomene des Bruchs mit dem Projekt der Moderne begriffen werden. Diese Phänomene sind – und Lyotard konnte nicht erahnen, was dieser bei Soziologen und Kulturkritikern Amerikas entlehnte Begriff für eine Karriere machen sollte – postmodern.

Lyotard konstatiert, dass die Wissenschaft „von Anbeginn an in Konflikt mit den Erzählungen“[40] ist. „Gemessen an ihren eigenen Kriterien, erweisen sich die meisten Wissenschaften als Fabeln.“[41] Trotzdem wird versucht, ihre Spielregeln zu legitimieren. Dieser Legitimierungsversuch über den eigenen Status wurde „Philosophie“ genannt.

Bis zur Aufklärung wurde Wissen mehrheitlich in Erzählungen tradiert. Eine Kultur des narrativen (also erzählenden) Wissens bedarf keiner besonderen Prozeduren, um ihre Erzählungen zu autorisieren. Erzählungen legitimieren sich selbst. Sie geben sich selbsttätig Kriterien der Kompetenz. Sie bestimmen, „was in der Kultur das Recht hat, gesagt und gemacht zu werden“[42], und da sie selbst einen Teil von ihr ausmachen, werden sie eben dadurch legitimiert.

Wie ist es dagegen aber um das wissenschaftliche Wissen bestellt? Selbstverständlich unterscheiden sich Verfahren des narrativen Wissens von denen des wissenschaftlichen. Aber die „Parallelisierung der Wissenschaft zum nichtwissenschaftlichen (narrativen) Wissen macht verstehen, zumindest fühlen, dass die Existenz der ersteren nicht mehr und nicht weniger Notwendigkeit besitzt als die der zweiten“[43].

Die Erzählungen fragen nicht nach ihrer eigenen Legitimierung, sie beglaubigen sich selbst durch ihre Übermittlung, ohne Argumentation, ohne Beweis. „Daher verbindet es mit seinem Unverständnis gegenüber den Problemen des wissenschaftlichen Diskurses eine gewisse Toleranz. Es fasst ihn zunächst als eine Spielart der Familie narrativer Kulturen auf.“[44] Umgekehrt ist das natürlich nicht der Fall: „Der Wissenschaftler fragt nach der Gültigkeit narrativer Aussagen und stellt fest, dass sie niemals der Argumentation und dem Beweis unterworfen sind.“ Für ihn sind die Erzählungen „Fabeln, Mythen, Legenden, gut für Frauen und Kinder“[45]. Ist aber diese Überheblichkeit der Wissenschaft berechtigt? Lyotard verneint kategorisch. Für die Bedingungen des Wahren, also die Spielregeln der Wissenschaft, gibt es keinen anderen

Beweis als den Konsens der Experten. Damit sind sie gleichermaßen ungewiss wie die volkstümlichen Erzählungen. Den großen Metaerzählungen, die bisher Wissen legitimierten, wird kein Glaube mehr geschenkt. Man kann heute sagen, dass die Trauerarbeit abgeschlossen ist. Selbst die Sehnsucht nach den verlorenen Erzählungen ist für den Großteil der Menschen verloren gegangen. „Diese Nicht-Existenz einer Metaregel [...] macht das Herz dieser Lyotardschen Konzeption wie des Postmodernismus überhaupt aus."[46]

Da es kein oberstes Prinzip gibt, haben wir auch kein letztes Mittel mehr, um Widersprüche aufzuklären. Folglich müssen wir lernen, Widersprüche zuzulassen. Jetzt fehlt nicht nur ein stabiles Fundament, sondern auch ein Gesetz, dass uns hilft, Paradoxien aufzuklären.

Der Dadaismus als Leitbild (Feyerabend)

Paul Feyerabend (1924–1994), bis zu seinem Tod im Jahre 1994 ein Freund von Hans Albert, steht in keiner direkten Verbindung mit den postmodernen Philosophen. Dennoch hat er mit seinem Ansatz des *anything goes* die Entwicklung sehr beschleunigt. Feyerabend, der aus Österreich stammt, war zunächst ein Mitarbeiter Karl Poppers und hat für ihn das Buch *Die offene Gesellschaft und ihre Feinde* ins Deutsche übersetzt. Später hat er sich vom Denken Poppers entfernt und den kritischen Ansatz zugespitzt. Er geht dabei ähnlich wie Michel Foucault *(Wahnsinn und Gesellschaft)* so weit, dass er den Unterschied von Vernunft und Widervernunft anzweifelt. Er orientiert sich nicht mehr an Genauigkeit, Begründbarkeit oder Widerspruchsfreiheit, sondern am Dadaismus. Vernunft und Widervernunft, Sinn und Unsinn, Plan und Zufall, Bewusstes und Unbewusstes gehören notwendig zusammen.[47] Feyerabend fordert einen erkenntnistheoretischen Anarchismus.

„Keine Anschauung ist so ‚absurd' oder ‚unmoralisch', dass er [gemeint ist der erkenntnistheoretische Anarchist, R. K.]

nicht bereit wäre, sie in Erwägung zu ziehen oder nach ihr zu handeln, und keine Methode gilt ihm als unentbehrlich. Das einzige, wogegen er sich eindeutig und bedingungslos wendet, sind allgemeine Grundsätze, allgemeine Gesetze, allgemeine Ideen wie ‚die Wahrheit', ‚die Vernunft', ‚die Gerechtigkeit', ‚die Liebe' und das von ihnen hervorgerufene Verhalten [...]."[48]

MODERNE	POSTMODERNE
Fortschrittsgläubigkeit	Verlust des Fortschrittsglaubens
Strukturen und Regeln	Verstoß gegen Regeln und Konventionen
Unterscheidung von Kunst und Kitsch	Kunst und Kitsch sind gleichwertig
Verbesserung der Welt	Nimmt die Welt so, wie sie ist

Abbildung 5: Moderne/Postmoderne

Damit erkennen wir, dass es doch einen tiefen Graben gibt, der das Denken der Moderne von dem der Postmoderne trennt. Der Fortschrittsglaube ist verflogen. Große Erzählungen, wie zum Beispiel das Christentum[49], haben ausgedient. Die Trauerarbeit ist abgeschlossen. Wie sieht nun eine Kultur aus, die ohne große Ideale und Ziele auskommen muss?

Elf Merkmale der Postmoderne

Da sich die Postmoderne dem Konsens entzieht und Brüche sowie Übergänge unterstreicht, lässt sich keine strenge Theorie formulieren. Die Postmoderne gibt es nicht, sondern nur postmoderne Zeitströmungen, die voneinander abweichen oder sich mitunter sogar widersprechen. Ein hilfreicher Begriff, um die Stimmung der Postmoderne aufzufangen, ist Indifferenz. Eine Kultur ohne Leitideen ist unbestimmt bis gleichgültig. Eine Wertehierarchie fehlt, alles Große wird als suspekt verworfen. Die Gesellschaft zersplittert, nimmt mit einer gewissen Lässigkeit oder auch zynisch die Welt so, wie sie ist.

Der Literaturwissenschaftler Ihab Hassan hat, obwohl er sich gegen eine strikte definitorische Festlegung der Postmoderne wehrt, eine interessante Merkmalreihe zusammengestellt. Sie kann uns helfen, die Kultur der Postmoderne besser zu verstehen. Auch Hassan beginnt mit einem Synonym für Indifferenz:[50]

(1) Unbestimmtheiten. „Hierunter fallen alle Arten von Ambiguitäten[51], Brüchen, Verschiebungen innerhalb unseres Wissens und unserer Gesellschaft. [...] Unbestimmtheiten durchziehen unsere Aktionen, Ideen, Interpretationen, sie machen unsere Welt aus."

(2) Fragmentarisierung. „Unbestimmtheit ist ihrerseits oft eine Folge von Fragmentarisierung. Der postmoderne Mensch nimmt lediglich Trennungen vor; Fragmente sind angeblich das Einzige, dem er noch vertraut. Seine tiefste Verachtung gilt jeglicher ‚Totalisierung', jeglicher Synthese, sei sie sozialer, kognitiver oder sogar ästhetischer Art [...]. Daher erklärt sich auch die Hinwendung zum Paradoxon, [...] zur Offenheit des Zerbrochenen, zu unerklärten Randzonen." In diesem Sinne ist auch Lyotards Aufruf zu verstehen: „Krieg dem Ganzen, zeugen wir für das Nicht-Darstellbare, aktivieren wir die Widerstreite, retten wir die Differenzen, retten wir die Ehre des Namens."

(3) Die Auflösung des Kanons. „Dies trifft im weitesten Sinne auf alle Kanons, alle konventionellen Autoritäten zu. Wir sind heute Zeuge, so Lyotard weiter, einer umfassenden Entlegitimierung zentraler gesellschaftlicher Normen, eines Verfalls der erklärenden Mythen [...] Vom ‚Tod Gottes' zum ‚Tod des Autors' und zum ‚Tod des Vaters', vom Verspotten der Autoritäten hin zur Revision des Curriculums – so lösen wir die kulturellen Kanons auf, entmystifizieren wir Wissen, dekonstruieren wir die Sprachen der Macht, der Begierde, des Betrugs."

(4) Der Verlust von „Ich", von „Tiefe". „Die Postmoderne unterdrückt [das] Ich oder löst es auf, versucht allerdings mitunter auch, es wiederzugewinnen, wenngleich dies als

‚totalisierendes Prinzip' poststrukturalistischen Kreisen höchst suspekt bleibt. Das Ich, im Spiel der Sprache sich verlierend, in den Unterschieden, in denen Realität gemeinschaftlich erstellt wird, wird so zur Darstellung seiner eigenen Abwesenheit und der Tod lauert bei all diesen Spielen im Hintergrund. Das Ich löst sich auf in eine Oberfläche stilistischer Gesten, es verweigert, entzieht sich jeglicher Interpretation."

(5) Das Nicht-Zeigbare, Nicht-Darstellbare. „Wie schon ihre Vorgängerin, so ist auch die postmoderne Kunst irrealistisch, nicht-ikonisch. Selbst ihr so genannter ‚magischer Realismus' löst sich in ätherische Zustände auf [...] Was den spezifisch literarischen Bereich angeht, so strebt die Postmoderne oft in den Grenzbereich, betreibt sie ihre eigene ‚Erschöpfung', untergräbt sie sich selbst in Formen vernehmlichen Schweigens. Sie wird also zu einem Grenzphänomen, bestreitet ihre eigenen Darstellungsweisen."

(6) Ironie. „In Abwesenheit eines Grundprinzips oder Paradigmas wendet man sich in der Postmoderne dem Spiel, Wechselspiel, Dialog, Polylog, der Allegorie, der Selbstspiegelung, kurz, der Ironie zu."

(7) Hybridisierung. Die „Reproduktion von Genre-Mutationen, unter ihnen Parodie, Travestie, Pastiche: Die ‚Entdefinierung', Deformation von kulturellen Genres [...]."

(8) Karnevalisierung, „[...] die ‚fröhliche Relativität' der Dinge, bedeutet Perspektivismus und Performanz, Teilnahme am wilden Durcheinander des Lebens, bedeutet Immanenz des Lachens. [...] Anti-System [...], die eigentümliche Logik des Umgekehrten [...]."

(9) Performanz, Teilnahme. „Unbestimmtheit ist die Ursache von Teilnahme; diese Lücken wollen gefüllt sein. Der postmoderne Text, verbal oder nicht, lädt ein zu Performanz: Er will geschrieben, verändert, beantwortet, ausgelebt werden, und ein großer Teil postmoderner Kunst bezeichnet sich ausdrücklich als Performanz und überschreitet damit die Genre-Abgrenzungen."

(10) Konstruktcharakter. „Indem die Postmoderne auf radikale Weise mit Tropen, figurativer Sprache, mit Irrealismen arbeitet – ‚was gedacht werden kann, muss schließlich eine Fiktion sein', so Nietzsche –, ‚konstruiert' sie Realität in postkantianischen, ja post-nietzscheschen ‚Fiktionen'."

(11) Immanenz. „Dieser Begriff bezieht sich – ohne religiösen Beiklang – auf die wachsende Fähigkeit des menschlichen Geistes, sich in Symbolen zu verallgemeinern. Überall kann man heute Auflösungserscheinungen problematischer Natur beobachten: Aufsplitterungen, Zerfall, die Ausweitung des Bereichs unserer Sinne [...] Dies geschieht durch neue Medien und Technologien [...]."

„Wir haben die Sehnsucht nach dem Ganzen und dem Einen, nach der Versöhnung von Begriff und Sinnlichkeit, nach transparenter und kommunizierbarer Erfahrung teuer bezahlt. Hinter dem allgemeinen Verlangen nach Entspannung und Beruhigung vernehmen wir nur allzu deutlich das Raunen des Wunsches, den Terror ein weiteres Mal zu beginnen, das Phantasma der Umfassung der Wirklichkeit in die Tat umzusetzen. Die Antwort darauf lautet: Krieg dem Ganzen, zeugen wir für das Nicht-Darstellbare, aktivieren wir die Widerstreite, retten wir die Ehre des Namens." *Jean François Lyotard*[52]

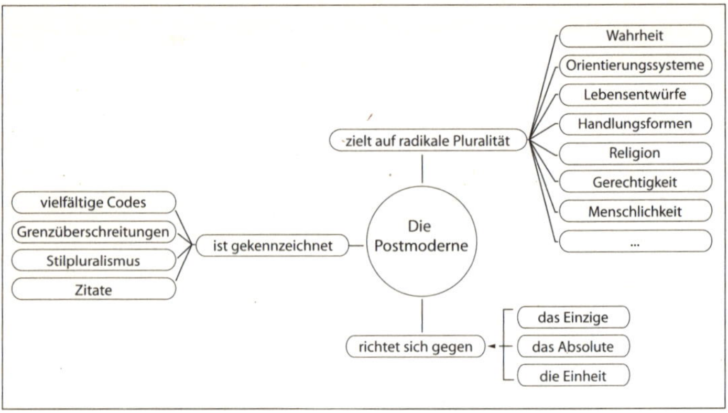

Abbildung 6: Die Postmoderne

Die postmoderne Kultur

Die Theorie der Postmoderne ist anspruchsvoll. Dennoch stoßen wir in fast allen Bereichen der Gesellschaft auf postmodern geprägte Kultur. Ihab Hassan geht so weit, zu behaupten, Postmodernismus sei inzwischen eine Art, die Welt zu sehen.[53] Schauen wir uns Beispiele an:

Architektur

Zu einem wichtigen Terminus wurde „postmoderne Architektur" durch den in London lebenden amerikanischen Architekten Charles Jencks (*1939). Jencks hat die Formulierung (zeitgleich mit Robert Stern) von der Literatur auf die Baukunst übertragen und der Postmoderne-Debatte in Europa Auftrieb gegeben. Besonders in den 80er-Jahren erlebte postmoderne Baukunst einen Höhepunkt und erregte viele Gemüter. Heute hat sie ihren Zenit überschritten.

Nach Jencks spricht postmoderne Architektur Experten und den Mann auf der Straße zugleich an. „Der Fehler der modernen Architektur war, dass sie sich an eine Elite richtete. Die Postmoderne versucht, den Anspruch des Elitären zu überwinden, nicht durch Aufgabe desselben, sondern durch Erweiterung der Sprache der Architektur in verschiedene Richtungen – zum Bodenständigen, zur Überlieferung und zum kommerziellen Jargon der Straße. Daher die Doppelkodierung, die Architektur, welche die Elite und den Mann auf der Straße anspricht."[54] Die postmoderne Architektur wirkt zwitterhaft. „Die charakteristischsten postmodernen Bauten zeigen deutlich eine Dualität, eine bewusste Schizophrenie."[55]

Die Losung der modernen Architektur hieß: „Form folgt der Funktion", die der Postmoderne lautet: „Form folgt der Fiktion". Die postmoderne Baukunst hat sich von dem modernen Duktus der Funktionalität befreit. „Damit ist gemeint, dass die Architektur nicht mehr bei sich ihr Ende findet als eine Realisierung von reinen dreidimensionalen Körpern, sondern dass sie zu einem Mittel der Veranschaulichung von Inhalten vielfältigster Art werden kann: Architektur als ein Werk des schönen Scheins, nicht nur als ein Werkzeug der Zweckerfüllung!"[56]

Postmoderne Architektur verarbeitet unterschiedliche Stile und Zitate aus unterschiedlichen Epochen spielerisch. Beispiel für diesen Stilpluralismus ist James Stirlings Neubau der Stuttgarter Staatsgalerie von 1984. Durch den Einsatz traditioneller und moderner sowie konstruktivistischer und darstellender Stilelemente erzeugt der Bau Mehrsprachigkeit.

Abbildung 7 und 8: Die Neue Stuttgarter Staatsgalerie von James Stirling.

Hans Hollein, ein Pionier der postmodernen Baukunst, stellte 1990 das neue Haas-Haus in Wien fertig (siehe Titelbild). Das Gebäude ist ein offenes Werk. In den Fenstern des Kaufhauses spiegelt sich der Stephansdom (Zitat). Der postmoderne Konsumtempel mit seiner symbolisch unvollendeten Brücke erlaubt so eine Neuinterpretation der Tradition. Je nach Standort des Betrachters und abhängig von den Lichtverhältnissen wird die gotische Kathedrale anders gesehen (Perspektivismus).

Abbildung 9 und 10: Das Haas-Haus in Wien mit dem Stephansdom.

Bildende Kunst

Da die Bildende Kunst des 20. Jahrhunderts unbeschreiblich vielgestaltig auftritt, ist postmoderne Kunst weniger klar auszumachen als postmoderne Architektur. Die Kunst der Postmoderne ist weniger eindeutig, liebt die Grenzüberschreitungen und öffnet sich dem Profanen. 1951 beschrieb der französische Maler Jean Dubuffet eine Neuorientierung in der Kunst und in anderen Bereichen. Obwohl der Begriff „postmodern" in diesem Kontext noch unbekannt war, skizzierte Dubuffet Aspekte, die heute in der Theorie der Postmoderne eine große Rolle spielen. Der Künstler Dubuffet schrieb:

„1. Wir rücken vom abendländischen Anthropozentrismus, von der Sonderstellung des Menschen, ab. Dubuffet spricht diesbezüglich von ‚Enthumanisierung' – und meint dies positiv.

2. Wir rücken vom Primat der Vernunft und der Logik ab. Die Ideen, die uns wirklich bewegen, sind mit rationalen Mitteln nicht zu erfassen, sondern werden durch sie allenfalls kaserniert oder erstickt [...].

3. Für die Kunst kommt es darauf an, nicht eindeutige, sondern vieldeutige Werke zu schaffen; zudem soll sich diese Polysemie[57] nicht bloß nebenbei ergeben, sondern sie soll bewusst initiiert werden.

4. Schließlich soll die Kunst nicht nur schöne Objekte mit kunstvoll arrangierten Formen und Farben zum Vergnügen der Augen produzieren, sondern Gebilde von tieferer und reicherer Faszination hervorbringen [...]."[58]

Die postmoderne Kunst grenzt sich von keinem Stil ab, benutzt die Kunstgeschichte als Steinbruch für eigene Entwürfe. Sie verabschiedet sich vom Elitären und bekennt sich zum Pop. Fast typisch sind die Kreuzungen von Unterhaltendem mit hoher Kunst (engl. *border crossing*).

„Ich verfolge keine Absichten, kein System, keine Richtung, ich habe kein Programm, keinen Stil, kein Anliegen." „Ich fliehe jede Festlegung. Ich weiß nicht, was ich will, ich bin inkonsequent, gleichgültig, passiv." „Deswegen war mir auch der Cage-Spruch so angenehm: ‚Ich habe nichts zu sagen, und das sage ich auch.'"

*Gerhard Richter (*1932)*[59]

Im Gegensatz zur Avantgarde der Moderne ist Gegenständlichkeit wieder statthaft. Repräsentativ sind Stil- und Materialvielfalt. Da die erschöpfte Moderne keine Innovationen mehr bereithält, lebt die postmoderne Kunst von der Reproduktion und Verfremdung des Bekannten. Ein prominentes Beispiel ist Andy Warhols mehrfache Übermalung eines Goethe-Porträts aus dem Jahr 1982, das eine immense Verbreitung fand. Warhol verband Klassik mit Pop, holte den Alltag in die Kunst und die Kunst in den Alltag.

Die New Yorker Künstlerin Cindy Sherman gehört zu den erfolgreichsten und renommiertesten Künstlern der Gegenwart. In ihren Fotoserien beschäftigt sie sich vor allem mit Fragen der Identität und Sexualität sowie mit den Rollenbildern der Frauen. Bis Mitte der 80er-Jahre kannte sie in ihren zahlreichen Bilderserien nur ein einziges Motiv, sich selbst. Für den Betrachter sieht es so aus, als sei auf jedem Bild ein anderes Modell zu sehen. Das Gesicht wirkt kühl, fast wie eine Maske. Der Eindruck drängt sich auf, Sherman habe die Beziehung zu sich selbst verloren und spiele teilnahmslos ihre Rollen. Offensichtlich sollen ihre Werke die Selbstreferenz von Bildern demonstrieren. Die Fotografien bilden nicht Wirklichkeit ab, sie verweisen auf in anderen Bildern und Filmen konstruierte Wirklichkeit.

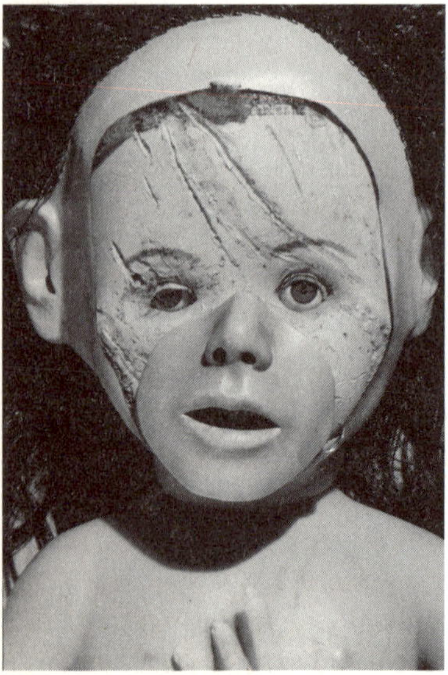

Abbildung 11: Cindy Sherman, Untitled # 316

In der Serie *Masks*, die 1995–1996 entstand, tritt das menschliche Subjekt ganz hinter das Künstliche zurück. Die Masken sind eigenartig verstümmelt und wecken beim Betrachter Gefühle der Hilflosigkeit und Abscheu. In einer parallel produzierten Serie *Horror and Surrealist Pictures* irritieren Aufnahmen von zerstückelten Puppenkörpern und Fratzen. Sherman möchte Verstand und Gefühle provozieren, indem sie althergebrachte Kategorien der Wahrnehmung und Moral destruiert.

Literatur

Dass der Artikel, mit dem der Literaturwissenschaftler Leslie Fiedler 1969 den Begriff „Postmoderne" in die Literatur einführte, im Männermagazin *Playboy* erschien, ist Symbol. Postmoderne Literatur will den „absoluten Unterschied zwischen hoher Kunst und Pop-Kunst"[60] nicht länger mittragen. Fiedler plädiert „für eine Verschmelzung von neuen Medien und Literatur, für eine offensive Hinwendung zu Drogen, zum Warenkonsum, zu Subkulturen"[61]. Die moderne Literatur, „deren Siegeszug kurz vor dem Ersten Weltkrieg begann und kurz nach dem Zweiten endete, ist tot, sie gehört der Geschichte an, nicht der Wirklichkeit"[62]. Die Verarbeitung der in einer durch die Medien vereinnahmten Gesellschaft erfordert neue literarische Zugänge. Die jungen Pariser und Amerikaner wissen, dass die Kluft zwischen Elite und Massenkultur der postmoderne Roman füllen kann. „Sie fürchten nicht den Kompromiss des Marktplatzes, ganz im Gegenteil, sie wählen dasjenige Genre, das sich der Exploitation[63] durch die Massenmedien am ehesten anbietet, den Western, Science-Fiction und Pornographie."[64]

Die Literatur der Postmoderne ist:

„[...] weniger angestrengt und ambitiös, weniger totalitätssüchtig und mythosorientiert, weniger utopieversessen und manifesthaft, weniger ideologisch und entschieden, weniger hermetisch und dunkel, weniger referenziell und repräsentativ, weniger stilrein und hochkulturell [...] als in der Moderne. Dagegen kommen das Spielerische, das – häufig als Kritik am Kanon gemeinte – Parodistische, das intertextuell Collage- und Zitathafte, die Gattungsmetamorphose, die Mischung von Hoch- und Alltagskultur bzw. die semantische und soziologische Mehrfachkodierung, das Autobiografische, das Geschichtliche, das Lokale bzw. Regionale, die Entdeckungsfreude, das Multikulturelle, das weltanschaulich Offene, Unsichere, Nichtfestgelegte und schließlich die Vielfalt der Stile und Meinungen stärker zur Geltung. Vor allem aber ist eine neue Haltung zum Geschichtenerzählen festzustellen."[65]

Die moderne Erkenntniskrise machte es erforderlich, neu über die gesellschaftliche Aufgabe der Literatur nachzudenken. Das Ergebnis ist eine „neue Bescheidenheit". Postmoderne Autoren legen sich nicht mehr fest, formulieren keine Manifeste und wollen auch nicht mehr die Welt verbessern. Die moderne Literatur stellte sich der „Frage nach dem Wie der Weltinterpretation", in der Postmoderne dominiert die „Frage nach dem Was der Welt, die uns umgibt"[66].

Umberto Eco hat mit seinem Roman *Der Name der Rose* Anfang der 80er-Jahre seinen ersten großen postmodernen Roman vorgelegt. Das Werk verarbeitet verschiedene Stränge und Ebenen und weist Merkmale auf, die als typisch postmodern gelten. Das Buch lässt sich als Historienroman und Kriminalroman gleichzeitig lesen (Mehrfachkodierung). Die Handlung wird in die Bücherwelt verlegt (Selbstreferenzialität). Mehrere Wahrheiten bleiben nebeneinander stehen (Wahrheitspluralismus). Es gibt zahlreiche Anspielungen auf andere Texte (Intertextualität). Obwohl anspruchsvolle Auseinandersetzungen und Motive aufgegriffen werden, bietet der Roman glänzende Unterhaltung.

Der deutsche Schriftsteller Patrick Süskind (*1949) hat mit *Das Parfum: Die Geschichte eines Mörders* ein fulminant erfolgreiches Werk verfasst. Das Buch lässt sich als Krimi, Thriller oder Historienroman lesen. Süskind arbeitet mit vielen Wiederholungen, Parallelen und Übertreibungen bis hin zum Grotesken. *Das Parfum* ist ein exzellentes Beispiel für die Karnevalisierung. Bestehende Strukturen und Konventionen werden auf den Kopf gestellt. Die Menschen in Paris lieben und vergöttern im Sinnenrausch eine wahnsinnige Bestie.

Hauptfigur des Romans ist Jean-Baptiste Grenouille aus dem Frankreich des 18. Jahrhunderts. Grenouille verfügt über einen außergewöhnlich entwickelten Geruchssinn. Er erschließt sich die Welt nicht über die menschliche Sprache, sondern über „das flüchtige Reich der Gerüche“[67]. Der bucklige und hinkende Grenouille schulte seinen Duftsinn derartig, dass er – obwohl aus armen Verhältnissen kommend – einen angesehenen Ruf und Rang in der Parfumbranche erwirbt. Den Grundstoff für seine Duftkreationen entnimmt er jungen Frauen, die er brutal ermordet hat.

Nach seinem fünfundzwanzigsten Mord wird Grenouille ergriffen und zum Tode verurteilt. Kurz vor seiner Hinrichtung versprüht er seine jüngste Kreation, die die Massen auf dem Richtplatz verzaubert. Das Volk entwickelt Mitgefühl und Zuneigung für den Massenmörder und steigert sich in einen sinnlichen Gefühlsrausch. „Wer zu Beginn bei seinem Anblick nur Mitgefühl und Rührung verspürt hatte, der war nun von nackter Begehrlichkeit erfüllt, wer zunächst bewundert und begehrt hatte, den trieb es zur Ekstase.“[68] Jean-Baptiste Grenouille, ein abartiges Scheusal, hat es geschafft. Er ist Projektionsfläche für die Sehnsüchte und Träume des Volkes und wird verehrt wie ein Gott.

„Er hatte sich eine Aura erschaffen, strahlender und wirkungsvoller, als sie je ein Mensch vor ihm besaß. Und er verdankte sie niemandem – keinem Vater, keiner Mutter und am allerwenigsten einem gnädigen Gott – als einzig sich selbst. Er war in der Tat sein eigener Gott, und ein herrlicherer Gott als jener weihrauchstinkende Gott, der in den Kirchen hauste.“[69]

Abbildung 12: Das Parfum von Patrick Süskind

Die Zuneigung der Menschen wurde ihm im Augenblick des Erfolges jedoch unerträglich, „denn er selbst liebte sie nicht, er hasste sie. Und plötzlich wusste er, dass er nie in der Liebe, sondern immer nur im Hass Befriedigung fände, im Hassen und Gehasstwerden"[70]. So geht er zurück in die Stadt, wo das Volk ihn in Stücke reißt und seine Körperteile gierig verschlingt.

In einem bisher nicht veröffentlichten Brief an Walter Falk aus dem Jahre 1988 geht Süskind auf die Botschaft seines Buches ein.

„In der Tat [...] war wohl eine meiner Intentionen, zu zeigen, dass die Zuwendung zur Schattenseite der Aufklärung der Sündenfall des modernen Menschen ist. Wohlgemerkt *die* Aufklärung schlechthin, nicht jene rationale Tradition, die Dogmen in Frage stellte, Aberglaube bekämpfte, Erkenntnis – vor allem auf dem Gebiet der Naturwissenschaften – ermöglichte. [...] Sondern jene Schattenseite meine ich, die die Aufklärung von Anfang an begleitet hat, die hybride Seite, personifiziert nicht von den Naturwissenschaftlern, sondern von gewissen Philosophen, Politikern, Künstlern, religiös Verzückten usw., welche die Vernunft nun auf den Thron des höchsten Wesens setzt und den Menschen als Schöpfer der Welt proklamiert. [...] Ich würde ein wenig altmodisch sagen: Wer sich selbst zum Gott macht, wird zum Mörder, wer den Menschen zum Schöpfer der Welt erhebt, wird notwendigerweise zum Massenmörder."[71]

Film

Die Postmoderne wurde nicht im Kino erfunden, aber das Kino, die TV-Welt und das Internet sind die Plätze, an denen sich die postmoderne Kultur am konzentriertesten manifestiert. Die technologischen Entwicklungen der Moderne, wie beispielsweise die Luftfahrt oder die Telekommunikation, sind quasi Voraussetzungen der postmodernen Lebenskulturen. Die Technologien haben die Kommunikationsformen der Gesellschaft tief greifend verändert und regulieren die öffentlichen Diskurse auf ihre Weise. Das Geflimmere bei MTV tötet zusammenhängendes Denken. Die Internetblogs machen das gegenseitige Verweisen und Zitieren sowie die Selbstdarstellung zum Kinderspiel. Die Realityshows gewähren den risikofreien Blick in das Schlafzimmer des Nachbarn und kultivieren den Voyeurismus. Die Welt ist heute flach (Thomas L. Friedman), Kulturen rücken zusammen, der Unterschied zwischen kanonisiertem und nicht-kanonisiertem Wissen wird durch das Internet verwischt (Brockhaus versus Wikipedia). Wir erleben gegenwärtig eine Virtualisierung der Wirklichkeit, die Grenzen von Fiktion und Wirklichkeit verschwimmen oder verschwinden ganz (z.B. Cybersex).

Ein Kristallisationspunkt dieser Entwicklung ist der Film. Im Kino verschwindet die Moderne. Es gibt keine linearen Handlungen und aufrechte Helden mehr, Pole wie Gut und Böse oder Wirklichkeit und Halluzination lösen sich auf.

Die Liste postmoderner Filme ist lang: *Einer flog über das Kuckucksnest* (Regie: Miloš Forman), *Verschwörung der Frauen* (Peter Greenaway), *Blue Velvet* (David Lynch), *Sex, Lügen und*

Video (Steven Soderbergh), *Pulp Fiction* (Quentin Tarantino), *The Beach* (Danny Boyle) u. v. a.

Tom Tykwer, der bei der Verfilmung des Romans *Das Parfum* die Regie führte, hat im Jahr 1998 *Lola rennt* gedreht. Der Film mit Franka Potente in der Rolle der Lola ist trotz seines hohen Anspruchs auch international sehr erfolgreich. Die Geschichte spielt in Berlin. Der Kleinkriminelle Manni hat 100.000 DM verloren. Wenn er das Geld nicht in 20 Minuten wiederbeschafft, ist er ein toter Mann. Nur seine Freundin Lola kann ihm helfen. Sie bekommt drei Versuche. Jedes Mal verläuft die Geschichte – bedingt durch sekundenlange Zwischenfälle auf der Treppe in Lolas Haus – anders. Zweimal endet sie tragisch. Beim dritten Mal taucht das Geld wieder auf und das Liebespaar überlebt.

Der Film enthält diverse Elemente, die bei postmodernen Filmen gern benutzt werden. Die Idee von *Lola rennt* beruht auf der des Spiels, wobei der Spielausgang von zunächst unscheinbar wirkenden Spielzügen der Spieler abhängt. Die Analogie zu sogenannten *Jump 'n' Run*-Computerspielen drängt sich auf. Endet die Geschichte – im Computerspiel wie hier im Film – tragisch, wird noch einmal von vorn angefangen. Der Film will keine Wirklichkeit abbilden, sondern durch den Einsatz extremer Kameraperspektiven und eines Patchworks verschiedener Techniken (Zeichentrickfilm, Videofilm, Bilder) und extremer Rhythmuswechsel eigene Wirklichkeit erzeugen. Die kurzen Bildgeschichten, die in den Film eingearbeitet sind, erzwingen keine Interpretation, sondern erlauben dem Zuschauer, sich eine Geschichte auszudenken. *Lola rennt* enthält reichlich Symbole und Anspielungen, die als Zitate verstanden werden können (magischer Schrei/*Die Blechtrommel*; rote Haare/*Pumuckl* oder Lara Croft, Banküberfall/*Bonnie and Clyde* usw.). Auffällig ist die Kritik an modernen Institutionen. Die Familien sind zerstört und kraftlos. Die Banken haben zwar Geld, helfen aber nicht. Die Nonnen als Vertreterinnen der Kirchen schauen nur noch konsterniert zu. Die Polizei versagt oder hilft nur versehentlich. Der hilfreiche Mensch von nebenan existiert nicht mehr (Fahrradfahrer). Probleme der Erkenntnistheorie werden auf geniale Weise bei einem Bettgespräch thematisiert.

Lola: Manni?
Manni: Hm?
Lola: Liebst du mich?
Manni: Na sicher!
Lola: Wie kannst du sicher sein?
Manni: Weiß ich nicht, bin's halt!
[...]

Abbildung 13: Der Film *Lola rennt* enthält zahlreiche Symbole und Zitate.

Die Postmoderne verhalf auch dem Genre des Horrorfilms zu außergewöhnlicher Popularität. Oft enthalten Horrorfilme selbst postmoderne Elemente. Sehr deutlich wird das an dem Film *Videodrome* des kanadischen Regisseurs David Cronenberg.

Max Renn managt einen privaten Kabelsender, der sich auf die Verbreitung von Sex-, Horror- und Gewaltfilmen spezialisiert hat. Bei seiner Suche nach quotentreibendem Material stößt er auf Videodrome, eine Unterhaltungssendung, die in einer Folterkammer spielt und sadistische Gewalt einschließlich Mord anbietet. Max Renn wird schnell von dem Format angezogen und sucht den Kontakt zum Produzenten. Er findet Brian O'Blivion, der allerdings nur noch auf dem Videoband existiert, da er an einem von einem versteckten Sendesignal verursachten Hirntumor verstarb. Als Max sich die mit diesem Signal unterlegten Videoproduktionen anschaut, bekommt er Halluzinationen. Er wird von den Produktionen immer mehr vereinnahmt und schließlich von ihnen beherrscht.

Der Film ist so gestaltet, dass der Betrachter nicht mehr zwischen Wahn und Wirklichkeit unterscheiden kann. Renn verwandelt sich in einen fleischgewordenen Videorecorder, der andere Menschen tötet. Am Ende des Films begeht der Manager unter Anleitung einer Videobotschaft Selbstmord. „David Cronenbergs apokalyptischer-visionärer Horrorfilm Videodrome (1982), in dem Bild, Wirklichkeit, Halluzination und Psychose unauflöslich ineinander verschlungen sind, erinnert mit seiner erschreckenden Schilderung der Verführung durch Bilder und seiner impliziten Botschaft, dass die Illusion die Wirklichkeit sei, an die Arbeiten von Marshall McLuhan und noch mehr an die Simulationstheorie von Jean Baudrillard.“[72]

Rainer Winter erkennt vier Merkmale, die bei postmodernen Horrorfilmen herausstechen:[73]

(1) Die neuen Horrorfilme beschäftigen sich obsessiv mit der Zerstörung des menschlichen Körpers. Sie setzen die Angst vor Krankheit und Tod, dem Verlust der Kontrolle über den eigenen Körper, in Szene.

(2) Postmoderne Horrorfilme sind textuell offen. Die Filme enthalten Brüche und Lücken, sowohl in Form und Inhalt fehlen Kohärenz und Abgeschlossenheit.

(3) Sie enthalten implizite Bezüge zu anderen Filmen (Intertextualität) und können isoliert nur eingeschränkt verstanden werden.

(4) Schließlich enthalten die neuen Horrorfilme oft die schon erwähnte Doppelkodierung. Sie erlauben, je nach Verfassung des Rezipienten, mehrere Lesarten. So lässt sich beispielsweise *Videodrome* als Kritik an der Medienmacht oder einfach als eine verwirrende Geschichte mit guten Spezialeffekten auffassen. „Dem Zuschauer wird die Möglichkeit eröffnet, wie ein Nomade zwischen den verschiedenen Bedeutungsebenen hin und her zu wandern."[74]

Sexualität und Geschlechtlichkeit

Im postmodernen Denken ist kein Platz für ein für alle Mal feststehende Werte oder eine festgelegte Natur des Menschen. Da der Mensch eine Erfindung von Machtdiskursen ist, orientiert er sich nicht an ewigen Wahrheiten, sondern handelt Normen ständig neu aus. Lyotard weist darauf hin, dass permanente „Institutionen in beruflichen, affektiven, sexuellen, kulturellen, familiären und internationalen Bereichen wie in politischen Angelegenheiten" durch „zeitweilige Verträge" ersetzt werden.[75]

Folgerichtig ist Sexualität in der Postmoderne keine Frage theologischer Ethik oder des Naturrechts, sondern Verhandlungssache. Die Verträge, die ausgehandelt werden, können immer nur Übergangsverträge sein, da sonst wieder langfristige Bindungen entstehen. Die herkömmliche Sexualmoral wird ersetzt durch Verhandlungsmoral und Lebensabschnittsgefährten. Postmoderne Moral bewertet nicht die Sexualität selbst, sondern nur die Art und Weise, wie sie zustande kommt.

„Ob hetero-, homo- oder bisexuell; ehelich oder außerehelich; genital, anal oder oral; zart oder ruppig; bieder oder raffiniert, sadistisch oder masochistisch, zu zweit oder in Gruppen – all das ist moralisch ohne Belang. Von Belang ist, dass es ausgehandelt wird; und selbst Abstinenz kann verhandlungsmoralisch wieder zu Ehren kommen, verkleidet als ‚neue Keuschheit'. Die Konsequenz ist ebenso radikal wie bemerkenswert: Die ‚normale' Sexualität, Heterosexualität, wird zu einem von vielen Lebensstilen, eine von vielen möglichen Arten, sexuell zu sein."[76]

Auch die geschlechtliche Polarität, die in der Bibel mit dem göttlichen Schöpfungsakt begründet wird (vgl. 1. Mose 1,27) und die in der Neuzeit noch selbstverständlich akzeptiert wurde, löst sich allmählich auf. Die Zweigeschlechtlichkeit wird unmerklich durch ein multiples Geschlechterkonzept ersetzt, das die Fixierung auf die Pole „männlich" und „weiblich" fallen lässt.

Möglich wird dies durch die Unterscheidung zwischen biologischen und sozial erlernbaren Geschlechterrollen. Sprachlich differenziert man im Englischen zwischen biologischem (engl. *sex*) und soziokulturellem Geschlecht (engl. *gender*). Die biologischen Anlagen sind nicht determinierend, sondern lassen eine Geschlechterentwicklung entlang eines Spektrums zwischen männlich und weiblich zu. Die geschlechtsspezifischen Verhaltensweisen werden sozial erlernt. Die Politik der Zukunft habe sich an diesem erlernten Geschlecht zu orientieren, die Genderaspekte und -perspektiven hätten in das Zentrum der Gleichstellungspolitik zu rücken.

Schon mehrere Feministinnen hatten die Orientierung am biologischen Geschlecht kritisiert. Allerdings akzeptierten sie das biologische Geschlecht als naturgegeben. Die in der Tradition Michel Foucaults stehende amerikanische Literaturwissenschaftlerin Judith Butler (*1956) hat die moderne feministische Kritik an den Geschlechterrollen weiter radikalisiert und sich gegen eine „Zwangsheterosexualität" gestemmt. Durch eine Neubesetzung der Sprache müssten die bestehenden Kategorien von Mann und Frau verwischt werden. Konstantin Mascher schreibt über Butler: „Durch Parodie und Travestie (Verkleidung) werde, so schreibt sie, die Brüchigkeit der Zuordnungsmuster am deutlichsten entlarvt. Die offensichtliche Unnatürlichkeit der Maskerade hinterfrage die ‚Natürlichkeit' jeglicher ‚Geschlechtsidentität'. Nach diesen Maßstäben wird die medienträchtige karnevalistische ‚Gay Pride' oder ‚Gay Parade' zur politisch wirksamsten Demonstration einer sich neu formierenden ‚fließenden Identität'."[77]

Das Geschlecht wird nach Meinung führender Gender-Propagandisten durch soziale Interaktionen erzeugt. Die Art und Weise, wie sich Menschen mit ihren Körpern zueinander verhalten, gestaltet das Geschlecht (*Doing Gender*). Das Geschlecht ist also nicht fixiert, sondern fließend und grenzüberschreitend. Menschen können es im Verlauf ihres Lebens (mehrmals) wechseln, und die Festlegung auf nur zwei Geschlechter ist obsolet. Geschlechtliche Identität ist keine Frage der biologischen Statik, sondern der dynamischen Performanz.

Auch die staatlich und europäisch geförderte Politik des *Gender Mainstreaming* ist von gemäßigten Versionen dieses Ansatzes beeinflusst. Es handelt sich dabei um eine „Strategie, um alle Akteure in allen Handlungsfeldern, wie z.B. Rechtsetzung, Berichtswesen oder Forschung, sowie in allen Sachgebieten, wie z.B. Wirtschaft, Finanzen oder Familie, zu befähigen, gleichstellungsorientiert zu handeln".[78] „Jeder soll ein neues so genanntes kulturelles, ‚soziales Geschlecht' bekommen, ein Gender, das er selbst bestimmen kann, und dies völlig unabhängig von seinem biologischen Geschlecht."[79] Bissig schreibt Bettina Röhl, eine Tochter von Ulrike Meinhof, weiter:

„Gender Mainstreaming heißt im Klartext kompletter Umbau der Gesellschaft und Neuerfindung der Menschheit. Gender Mainstreaming ist eine Art totalitärer Kommunismus in Sachen Sex und Geschlechterbeziehung. Die real existierende Welt wird unterschwellig das (zu eliminierende) Patriarchat genannt, und die Frau und auch die Gesellschaft sollen zu ihrem Glück in Gestalt eines Matriarchats auf leisen Sohlen gezwungen werden: Frauen in den Beruf und an die Macht, sprich in die Führungspositionen in Politik, Wirtschaft und Kultur. Männer an den Herd und in die traditionell zu 100 % von Männern besetzten Schwerstarbeiten, wie Untertagebau, Kampftauchen, [...] Kinder in die Krippen, Mädchen in die GM-Förderprogramme, Jungs in die Gender Mainstream-Umerziehungsschule, wo sie die historischen Verbrechen der Männer an den Frauen büffeln. Und die Familie? Abgeschafft – das ist letztlich das in den Leitgedanken des Gender Mainstreaming konkret benannte und sich aus den Konzepten ergebende Bild dieser Politik."[80]

Das GenderKompetenzZentrum an der Humboldt Universität in Berlin hat anlässlich einer *Gender Lecture* (Vortrag) am 5. Februar 2007 zur Kritik am *Gender Mainstreaming* Stellung genommen. Die Direktorin Susanne Baer hob drei Ursachen für die Skepsis gegenüber der neuen Politik heraus:

„• Auffallend ist zunächst die rhetorische Schärfe und das Stilmittel des persönlichen Angriffs, der vorrangig auf frauenfeindliche und homophobe Ressentiments setzt.
- Daneben steht der explizite Rückgriff auf naturalistische oder religiöse schöpfungsorientierte Vorstellungen von dem, was ‚Mann und Frau' seien.
- Dazu kommt die Gefahr, dass [sic!] Gleichstellungspolitik gegen Familienpolitik ausgespielt wird, anstatt beide offensiv zu betreiben."[81]

Es sind einige Experten ernsthaft besorgt über die Diskreditierungen der Gender Mainstreaming-Philosophie. Die Kritiker, darunter *Cicero, FAZ, Der Spiegel* und die *Offensive Junger Christen (OJC)*, würden mit einem homophoben und verschwörungstheoretischen Gestus ein Bedrohungsszenario schaffen. „Als mögliche Strategien gegen den neuen intellektuellen Konservatismus" wurden während der Tagung „eine verstärkte (internationale) wissenschaftliche und politische Vernetzung, mehr Lobbyarbeit für Gleichstellungsfragen und die Suche nach kreativen Formen der politischen Einmischung ins Gespräch gebracht"[82]. Der Verdacht drängt sich auf, dass Kritiker der postmodernen Geschlechterpolitik in eine reaktionäre Ecke gedrängt werden sollen.

Christentum

Was kommt nach dem Tod Gottes und dem Ende der Metaphysik? Wird auch die Religion verschwinden? Besonders Richard Rorty und Gianni Vattimo haben sich um die Klärung dieser Frage bemüht. Ihre Antwort lautet: Das Christentum wird aussterben, wenn es sich nicht wandelt. Ein Christentum, das an objektiven und universellen Ansprüchen festhalte, habe keine Zukunft. Nur wenn es den Nihilismus Nietzsches und Heideggers weiterdenke, könne es an der Gestaltung der Zukunft teilhaben. Alles hänge davon ab, ob sich die Kirchen diesen Transformationsprozess zumuten und sich damit den Säkularisierungstendenzen anschlössen. Ein gewandeltes Christentum müsse folgenden Anforderungen entsprechen:

(1) Das Christentum sei vollständig zu privatisieren. „Unserer Auffassung nach ist nichts gegen die Religion einzuwenden, solange sie privatisiert ist – solange kirchliche Institutionen nicht versuchen, die Gläubigen für politische Forderungen zu mobilisieren [...]."[83]

(2) Der Glaube sei völlig aus der Arena des Wissens in die Sphäre der Liebe zu verweisen. Gott sei in der Tradition von Kierkegaard, Barth und Lévinas zum ganz Anderen zu machen, zu etwas, das sich nicht nur Beweisen und Argumenten, sondern dem diskursiven Denken überhaupt entziehe. Religion dürfe keinen Wahrheitsanspruch mehr stellen und könne so auch nicht mehr mit den Wissenschaften kollidieren. Das Christentum der Zukunft müsse jeden Anspruch auf objektive Bedeutung fallen lassen. Jedes Beharren auf einer ewigen Wahrheit produziere nur Gewalt.[84] Der einzige Weg, der der christlichen Kirche offensteht, „um nicht wieder zu der kleinen Fundamentalistensekte zu werden, die sie zwangsläufig

zu Beginn war, sondern um im Gegenteil ihre universelle Berufung auszubauen, besteht darin, die evangelische Botschaft als Prinzip der Auflösung aller Objektivitätsansprüche anzunehmen“[85].

(3) Das Christentum müsse auf Mission verzichten. „Eine nichtmetaphysische Religiosität ist zugleich eine nicht missionarische.“[86] „Die Anerkennung gleicher Rechte für die anderen Kulturen, die auf der politischen Ebene mit dem Ende des Kolonialismus stattgefunden hat und sich auf der theoretischen Ebene mit der Auflösung der eurozentrischen ‚Metaerzählungen‘ vollzogen hat, erfordert für die christlichen Konfessionen die Aufgabe der ‚missionarischen‘ Haltungen, das heißt des Anspruchs, der heidnischen Welt die alleinige Wahrheit zu bringen.“[87]

(4) Das postmetaphysische Christentum müsse begreifen, dass Gott ein Gott des Buches ist. Der biblische Gott existiere nur in der Heiligen Schrift, nicht als objektive Wirklichkeit außerhalb der Heilsverkündigung. Gott ist „kein Subjekt da draußen“[88].

(5) Das Christentum des Geistes müsse die Gemeinschaft der Gläubigen als Ort der Offenbarung Gottes anerkennen. Das neue Christentum orientiere sich nicht mehr an einer wörtlichen Auslegung der Heiligen Schrift. Anknüpfend an Joachim von Fiore und Friedrich Schleiermacher müsse jeder religiöse Geist imstande sein, eine Bibel „für sich selbst zu schreiben“[89]. Die „buchstäbliche und autoritäre Interpretation der Bibel“[90] sei aufzugeben. Ort der Gottesoffenbarung ist nicht die Bibel, sondern die Gemeinschaft der Glaubenden, die sich um die Bibel herum versammeln. „Mit anderen Worten, die Bibel ist nur ein Kern, der für sich allein, im Gegensatz zur lebendigen Tradition und zum Glauben der Gemeinde, nicht als die authentische Offenbarung gelten kann.“[91]

(6) Die Religion der Zukunft kenne nur noch ein Gesetz: die Liebe. Solange das Christentum an einer auf ewigen Wahrheiten begründeten Ethik festhalte, sei sie ein Hort der

Gewalt. „Wenn sich das christliche Denken mit der Aufgabe konfrontiert sieht, das Gewicht des Buchstabens der Bibel und der Dogmen zu verringern, um die Wahrheit auch der anderen Religionen zu begreifen, entdeckt es wahrhaftig, dass das, was allein zählt, die Liebe *(caritas)* ist; nur die Liebe stellt nämlich die Grenze und das Kriterium der geistigen Interpretation der Schrift dar."[92]

II. Die Postmoderne in der Kritik

1. Abschied von der Postmoderne

Während die Postmoderne im Kulturleben und in der Politik westlicher Gesellschaften allgegenwärtig ist, verliert sie im Raum des Denkens allmählich ihren Einfluss. In Frankreich, wo der Dekonstruktivismus seinen Siegeszug begann und Andersdenkende geradezu paralysierte, gibt es bereits brillante Entwürfe gegen die Diktatur des Dialogs.[93] Seit Jahren sind in den Feuilletons Grabgesänge zu lesen, die erklären, die Postmoderne habe sich in Illusionen[94] verzettelt und sei inzwischen Schnee von gestern[95]. Dies bedeutet aber nun keineswegs, dass die Kultur der Postmoderne verschwindet. So schnell wird sie ihren Einfluss nicht verlieren, da inzwischen viele postmoderne Denker Positionen im Bildungswesen und in der Politik besetzt haben.[96] Doch das Misstrauen wächst.

Die Kritik kommt vor allem aus Bereichen, in denen sich das nachmoderne Denken zuerst entfalten konnte, den Kreisen der politischen Linken. Allen voran warnt Jürgen Habermas vor einer neuen Unübersichtlichkeit. Er besteht als „Hüter der Rationalität" darauf, dass Fragen der Begründbarkeit von solchen bloßer Gewohnheit zu unterscheiden sind, und tritt für empirische Theorien mit universalistischen Ansprüchen ein.[97] Aber auch Denker, die selbst der postmodernen Szene angehören, warnen vor den fatalen Folgen des postmodernen Relativismus. So stellt Richard Rorty fest, dass die Relativierung aller Werte eben auch die Überzeugungen der Linken aushöhlt und zur Politikverdrossenheit führt. Die „Politikverachtung der postmodernen Denker arbeite den Konservativen auf fatale Weise in die Hände"[98] und kapituliere vor den zerstörerischen Folgen der Globalisierung. Auch der in der Tradition Lacans stehende Slowake Slavoj Žižek (*1949) schimpft darüber, dass „ausgerechnet der Verzicht auf den Universalismus der Demokratie“[99] dem Kapitalismus Auftrieb verschaffe. Die postmodernen Bewegungen scheinen sich allmählich dessen bewusst zu werden, dass sie keine eigene Botschaft haben und so gezwungen sind, anderen das Feld zu überlassen. Die Verabschiedung verbindlicher Orientierungsangebote ist nicht nur eine Einladung an die Esoterik, sondern auch an verkappte Fundamentalismen. Rollen vielleicht die Theoretiker der Postmoderne einem „Khomeini von innen“ den Teppich aus (Welsch)? Wohl kaum, denn postmodernes Fühlen und Denken hat einen feinen Instinkt für alle Totalitarismen. Trotzdem wird der Postmoderne eine Post-Postmoderne folgen.

Schauen wir uns einige Dilemmas postmoderner Theorien an.

(1) Sprachmystik. Postmoderne Literatur bedient sich oftmals einer mystischen Sprache, die die tatsächlichen Gedankengänge verschleiert. Begriffe wie „Differenz“, „Andersheit“ oder „Transversalität“ bleiben auch dann dunkel, wenn sie ständig wiederholt werden. Wenn man sich die Mühe macht, die komplexen Theorien in eine einfache, verständliche Sprache zu übersetzen, kann das Ergebnis sehr ernüchtern. Ein Beispiel für so eine Entschleierung bietet der Philosoph Lorenz Bruno Puntel mit seiner kurzen Untersuchung zum Heideggerschen Wahrheitskonzept. „Man kann kaum von einem Ergebnis im Sinne einer auch nur einigermaßen identifizierbaren Auffassung sprechen; was aus seinen ‚Erörterungen‘ geblieben ist, sind Fragmente, die, wenn man sie irgendwie aufeinander bezieht, ein unstimmiges Gesamtmosaik ergeben.“[100]

(2) Verabsolutierung von Grenzfällen. Postmodernes Denken neigt dazu, spezielle Probleme zu verabsolutieren. Randprobleme oder Ausnahmen werden hochstilisiert. Für die Dekonstruktion von Begriffen konzentriert man sich auf Zeichen, bei der Dekonstruktion von Sätzen auf die Begriffe. Das Aufwerten von Nebensächlichem soll das Sinnzentrum von Texten und Theorien dekonstruieren.

Der Hermeneutische Zirkel

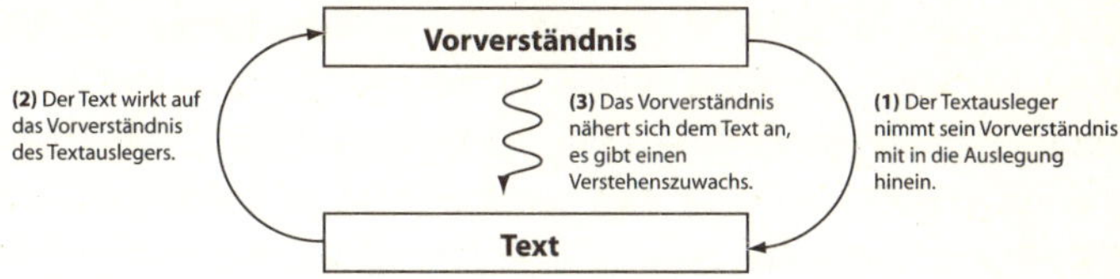

Der Textinterpret bringt seine Kultur, seine Fragen und Erwartungen, eben sein "Vorverständnis" mit an den Text heran **(1)**. Der Text wiederum wirkt auf das Vorverständnis des Auslegers und wird es korrigieren, einschränken oder erweitern, wenn dieser es zulässt **(2)**. Durch den Auslegungsprozeß soll das Vorverständnis immer mehr an den auszulegenden Text heranwachsen **(3)**. Dieser Zirkel oder diese hermeneutische Spirale (Jürgen Bolten) ist eingebettet in die Erfahrung und ermöglicht einen Verstehenszuwachs.

Abbildung 14: Hermeneutischer Zirkel

Nun ist das Modell des sogenannten Hermeneutischen Zirkels, das im Rahmen der hermeneutischen Philosophie entwickelt wurde, sicherlich eine Bereicherung für den Umgang mit Texten. Doch muss aus der Mehr- oder Zweideutigkeit von Zeichen und Texten folgen, dass sie grundsätzlich unverständlich sind oder gar ein Leser im Text immer nur sich selbst begegnet? Instrumentarien wie die Metakommunikation oder die Kontexterhellung erlauben in den allermeisten Fällen sehr wohl einen Verstehenszuwachs beim Interpretationsvorgang.

(3) Traditionalismus. Gerade die postmoderne Kultur wird eher selten mit dem Traditionalismus in Verbindung gebracht, steht sie doch für radikale Vielfalt und Schnelllebigkeit. Und doch kann postmodernes Denken auf merkwürdig paradoxe Weise nur in einem Traditionalismus enden, da jenseits von Traditionen nichts mehr existiert. Weil postmodernes Denken keine übergeordneten und allgemeingültigen Kriterien kennt, ist die Basis für die Kritik von Kulturen und Überlieferungen sehr eingeschränkt. So bleibt nur eine Wiederholung und Verfremdung des schon Gewesenen.

(4) Zersplitterungsproblem. Postmodernes Denken ist sehr widerstandsfähig gegenüber verallgemeinernden Prinzipien.

Universelle Normen werden in die Nähe totalitären Denkens gerückt. Die Kritik am Universalismus führt aber auch zu Problemen, zum Beispiel in der Menschenrechtsdebatte. Warum sollen sich die Europäer um eine neue Definition der Menschenrechte in China bemühen, wenn jede Kultur das Recht hat, eigene Standards zu definieren? Problematisch wird dies auch in der Umweltdebatte. War nicht gerade das Kyoto-Protokoll ein Versuch, universelle Normen verbindlich zu machen, um die ökologische Katastrophe abzuwehren? Ganz ohne Werte geht es also nicht. Als ethischer Leitbegriff findet sich in der Literatur inzwischen oft Gerechtigkeit (z.B. bei Lyotard und Rorty). In defensiver aber klarer Weise solle Unrecht in der Welt aufgedeckt werden. Lyotard schreibt: „Wir müssen *(il nous faut)* uns ununterbrochen für die Rechte der Minderheiten, die Frauen, die Kinder, die Homosexuellen, den Süden, die Dritte Welt, die Armen, die Bürgerrechte, das Recht auf Kultur und Erziehung, die Rechte der Tiere, der Umwelt usw. einsetzen."[101] Peter Zima fragt völlig zu Recht, in wessen Namen Lyotard hier spricht. „Worauf bezieht sich die Redewendung ‚wir müssen'/‚il nous faut'?"[102] Spricht Lyotard für sich oder im Interesse irgendwelcher Minderheiten? Könnte man sich nicht für ganz andere Gruppen einsetzen, zum Beispiel für vereinsamte Millionäre? Kann es sein, dass Lyotards Präferenzen noch aus seiner Mitarbeit in der Kommunistischen Partei herrühren? Der Verzicht auf Verallgemeinerung mündet in Willkür und Austauschbarkeit und erlaubt Einzelnen oder Minderheiten die Manipulation ganzer Gesellschaften, da die Wertedebatte überprüfbaren vernünftigen Argumenten entzogen wird. „Wo es weder ein allgemeingültiges Gesetz noch ein homogenes Subjekt gibt, das nicht nur im Diskurs, sondern auch in der Handlungsabfolge erkennbar ist, dort kann es keine Verantwortung geben."[103]

(5) Instrumentalisierung der Naturwissenschaften. Die Philosophen der Postmoderne berufen sich gerne auf die Erkenntnisse der Naturwissenschaften, besonders häufig auf die Rela-

tivitätstheorie, die Quantentheorie und die Chaostheorie. Dies lässt vermuten, dass sie der Mathematik und Physik doch zugestehen, mit verhältnismäßig stabilen Begriffen und Theorien zu arbeiten. Bei diesen Kunstgriffen, durch die eigene Theorien autorisiert werden sollen, kam es allerdings schon zu allerlei Missbräuchen und Peinlichkeiten.

Die Sokal-Affäre erregte 1996 weltweites Aufsehen. Alan Sokal, ein linksgerichteter Physiker der New York University, wollte die Fachwelt davon überzeugen, dass die wissenschaftlichen Standards im Zuge der Postmodernisierung der Universitäten erheblich gesunken sind, und publizierte in der renommierten Zeitschrift *Social Text* den Aufsatz: „Die Grenzen überschreiten: Auf dem Weg zu einer transformativen Hermeneutik der Quantengravitation". Der Aufsatz streift aktuelle Probleme der Physik und aktiviert diese für die Begründung der Theorie der Postmoderne. Der Aufsatz, der mit Falschinformationen und Nonsens durchsetzt ist, wurde von der Fachwelt zunächst begrüßt. Erst als Sokal in einem anderen Journal erklärte, er habe sich einen Scherz erlaubt, flog die Sache auf und demaskierte die Einfältigkeit der Fachwelt. Offensichtlich reichte ein bestimmter Sprachduktus aus, um von den postmodernen Denkern bejubelt zu werden.[104]

(6) Widersprüchlichkeiten. Gern wird auf tiefe Widersprüche im postmodernen Ansatz verwiesen. Warum predigen Postmoderne einen leidenschaftlichen Relativismus und verabscheuen die Idee einer universellen Vernunft, halten aber gleichzeitig ihre eigenen Überzeugungen für richtig? Warum meiden sie jede anthropologische Konstante, sprechen aber ständig vom Körper? Ist nicht die Rede vom Tod der Metaphysik selbst eine metaphysisch aufgeladene Aussage? Und kann die Sprachkritik wirklich überzeugen?

So wird penetrant behauptet, dass wir Menschen Gefangene unserer Sprache oder Kultur seien. Wer aber das sagt, muss bereits das Gefängnis seiner Sprache oder Kultur verlassen haben und setzt zudem voraus, dass er verstehbar ist. Ein

Widerstreit von Denkmodellen ist nur möglich, wenn sich Menschen etwas zu sagen haben. Der Literaturwissenschaftler Peter Zima erläutert diesen Sachverhalt am Beispiel eines Verbots von Menschenopfern. Nehmen wir an, Vertreter zweier Volksstämme diskutierten über die Frage, ob es richtig sei, einen Menschen zu opfern, während bereits der Opferritus in den letzten Vorbereitungen steckt. „Selbst wenn das Wort ‚Mensch' in den kollidierenden Kulturen verschiedene Bedeutungen und Konnotationen mit sich führt, ist es nicht völlig unübersetzbar, weil es denselben Referenten bezeichnet: nämlich den, der gerade geopfert werden soll."[105] Der Abstand zwischen den Sprachen, Begriffen und Kulturen ist eben kein absoluter.

Dass der Ansatz der Dekonstruktion – wenn er konsequent betrieben wird – letztlich in die Sprachlosigkeit führen muss, lässt sich noch an einem anderen Beispiel erklären. Im Rahmen dekonstruktivistischen Denkens kann man fragen, ob nicht die Rede über den Glauben und Gott sinnlos sei, da jeder nur seinen Gott haben könne. Gott sei ein sprachliches Konstrukt, erzeugt innerhalb der Welt desjenigen, der über Gott nachdenkt. Folglich existierten so viele Götter, wie es Menschen gäbe, die über Gott nachdenken. Aber müsste man – vorausgesetzt, diese Theorie sei zutreffend – nicht auch Begriffe wie „meinen", „vorstellen", „Welt" oder „Sprache" dekonstruieren? Müsste nicht notwendig jeder ein anderes Sprachkonzept haben und diese Wörter mit anderen Inhalten füllen? Wieso können wir überhaupt noch miteinander reden?

Die postmoderne Philosophie ist ein Frontalangriff auf den Satz vom ausgeschlossenen Widerspruch. Und so muss man sich nicht wundern, wenn der New Yorker Philosoph Paul Boghossian fragt, ob, wenn die Postmodernisten recht haben, nicht auch zugleich das Gegenteil der Fall sei.[106]

Insgesamt sind die Anfragen an die Postmoderne ziemlich erdrückend und der Verdacht, es mit einer sehr ideologielastigen Strömung zu tun zu haben, ist nicht einfach von der Hand zu weisen. Christian Köllerer behandelte schon Ende der 90er-Jahre die Frage, wieso diese Art des Philosophierens so erfolgreich sein konnte, unter einem soziologischen Aspekt: „Setzt man sich ausführlicher mit postmodernen Publikationen auseinander, drängt sich immer stärker eine soziologische Frage auf. Wie konnte diese Art des Philosophierens eine so große Anhängerschaft gewinnen?“[107] Es bietet sich an, postmoderne Denkfiguren als Korrektiv einer einseitig verobjektivierenden Neuzeit aufzufassen. Nicht mehr und nicht weniger.

2. Rettet die Postmoderne den christlichen Glauben?

Im evangelikalen Christentum wurde die Postmoderne unterschiedlich aufgenommen. Es gibt Beispiele für eine kategorische Ablehnung[108] und zugleich wachsende Bewegungen, die sich für die Kultur der Postmoderne öffnen und sie als Chance für die missionale[109] Einmischung in die Gesellschaft begreifen. Der überwiegende Teil der evangelikalen Bewegung plädiert für eine differenzierte Auseinandersetzung mit der postmodernen Bewegung, bei der sowohl Stärken als auch Schwächen zur Sprache kommen müssen. Die Beachtung der in Kapitel I.1.3 ausgearbeiteten Grundlagen zum Verhältnis von Evangelium und Kultur erlaubt eine ausgewogene Stellungnahme.

Chancen

(1) Eine Stärke des Postmodernismus liegt sicher in seiner Kritik des neuzeitlichen Autonomiegedankens. Weder ist der Mensch absolut frei noch gibt es eine reine Vernunft, vor deren Forum sich alles zu verantworten hat. Der Postmodernismus hat die Vernunftanbetung und den Humanismus der Moderne in die Schranken gewiesen.

(2) Weiter ist zu würdigen, dass die Postmoderne die verkürzte Sicht der Wirklichkeit, wie sie im Modernismus verbreitet war, bloßstellt. Die modernen Wissenschaften sind einseitig und blenden ganze Bereiche der Lebenswirklichkeit aus.

Das postmoderne Denkklima erlaubt wieder eine kritische Distanz gegenüber diesen rationalistischen und positivistischen Ansprüchen, da wieder unbefangener über das Nicht-Darstellbare gesprochen werden darf.

(3) Postmoderne Denker betonen wohltuend die Perspektivenabhängigkeit der Erkenntnis. Das, was die Postmoderne darüber herausgearbeitet hat, entspricht in etwa dem, was wir oben bereits unter dem Stichwort Denkvoraussetzungen behandelt haben. Unsere Wahrnehmung der Wirklichkeit ist nie frei von der Kultur, in der wir leben. Die Betonung dieses Aspekts der Erkenntnislehre betont unsere Endlichkeit und mahnt zur Demut im Denken und Handeln. Unser Wissen bleibt vorläufig und gebrochen, wir Menschen haben nicht das letzte Wort und es lohnt sich immer, den eigenen Einstellungen gegenüber in eine fröhliche Distanz zu treten und zu prüfen, ob sie wirklich gut sind.

(4) Der Postmodernismus nimmt die Verschiedenartigkeit der Kulturen, Sprachen, Menschen und Geschlechter bedeutend intensiver wahr, als das in der Moderne der Fall war. So ideologisch aufgeladen die Philosophie der Cultural Studies[110] auch ist: Sie sensibilisiert für die Unterschiede. Jemand, der interkulturelle Erfahrungen gemacht hat, weiß Know-how auf diesem Gebiet zu schätzen.

(5) Der Postmodernismus relativiert den Logozentrismus. Als Logozentrismus bezeichnen postmoderne Theorien die vernunftzentrierte Metaphysik und die abendländische Rationalität. Er ist für postmoderne Denker im doppelten Sinn eine herrschende Denkform. Sie herrschte im Abendland vor und sie beherrschte die Menschen. Die von postmodernen Protagonisten vertretene und häufig überzogene Kritik, die letztlich auch die Kategorien von Wahrheit und Falschheit, Gut und Böse und eine Theologie des Wortes dekonstruieren will, ist abzulehnen (vgl. etwa Römer 10,17). Dennoch weist diese Perspektive auf gewisse Defizite der abendländischen Tradition hin und eröffnet neue Räume für den Gebrauch von z.B.

Kunst oder Musik, für emotionale Intelligenz und das Erzählen von Geschichten.

(6) Da die Postmoderne im Kern pluralistisch ist, gewährt sie Religionsfreiheit. Das Leben in einer durch und durch pluralistischen Gesellschaft hat nicht nur Vorteile, doch wir dürfen die den Christen gewährten Freiheiten nicht unterschätzen. Die jüngsten Entwicklungen im europäischen Raum haben besonders den Kirchen in Osteuropa gewaltige Möglichkeiten eröffnet.

Risiken und Nebenwirkungen

Allerdings gibt es keinen Grund für überzogenen Optimismus. Bei der Lektüre mancher post-evangelikaler Literatur kann man vorschnell den Eindruck bekommen, die Postmoderne würde heilsame Kräfte entfesseln und den Weg frei machen für ein ursprünglicheres Christentum. Crystal Downing nannte ihr Buch *Wie der Postmodernismus (meinem) Glauben hilft*[111]. Auch wenn man unterstellt, dass der Titel provozieren soll, spiegelt er die überzogenen Erwartungen wider. James K. A. Smith plädiert dafür, von Derrida, Lyotard und Foucault zu lernen, und erhofft sich dadurch mehr Kraft und Authentizität für die Kirche.[112] Nicht nur eine übertriebene Anpassung an postmoderne Sprachcodes, auch eine besorgniserregende Öffnung für die Grundannahmen postmoderner Denkkultur ist bei einigen evangelikalen Vordenkern erkennbar. Es deutet sich eine Vermischung von Kultur und Evangelium an.

Friedrich Nietzsche erkannte noch klar den Zusammenhang zwischen der Gottesfrage und der Wahrheitsfrage.

„Doch man wird es begriffen haben, worauf ich hinaus will, nämlich, dass es immer noch ein metaphysischer Glaube ist, auf dem unser Glaube an die Wissenschaft ruht – dass auch wir Erkennenden von heute, wir Gottlosen und Antimetaphysiker, auch unser Feuer noch von dem Brande nehmen, den ein jahrtausendealter Glaube entzündet hat, jener Christenglaube, der auch der Glaube Platons war, dass Gott die Wahrheit ist, daß die Wahrheit göttlich ist [...]. Aber wie, wenn dies gerade immer mehr unglaubwürdig wird, wenn nichts sich mehr als göttlich erweist, es sei denn der Irrtum, die Blindheit, die Lüge – wenn Gott selbst sich als unsere längste Lüge erweist?"[113]

Wenn Gott tot ist, fällt das Kartenhaus zusammen, dann gibt es keine Wahrheit und keine Moral. Was aber, wenn Gott da ist und zu uns spricht? Kann es einen Glauben an Gott geben, ohne dass es Wahrheit gibt?

Oft wird die Wahrheitsfrage heute in christlichen Kreisen als eine reine Frage der Beziehung verhandelt. Das Konzept von Wahrheit, das Nietzsche zu Recht mit dem jüdisch-christlichen Offenbarungsverständnis verband, ist weitläufig durch einen existenzialistischen oder postmodernistischen Wahrheitsbegriff ersetzt worden, der übrigens in der (nicht-evangelikalen) Philosophie und Theologie rückläufig ist.[114] So rückt der christliche Glaube in die Nähe des Irrationalismus und der Mystik. Er wird zwar gegenüber Kritik immunisiert, verliert aber auch seinen Inhalt. Was bleibt, sind Gefühle und Gruppenerfahrungen.[115]

Wenn Vordenker der *Emerging Church*-Bewegung (siehe nächster Abschnitt), wie der 2005 verstorbene Stanley Grenz[116], das „Allein die Schrift" der Reformation aufgeben und für ein postmodernes Offenbarungsmodell werben, ist das bedenklich. „Aus der Pflicht zur Kontextualisierung [des Evangeliums, R. K.] folgt implizit die Absage an die ältere evangelikale Vorstellung von Theologie als Wahrheit, die allein auf der Grundlage der Bibel hergestellt wird. Der Theologe kann sich nicht länger auf die Schrift als die eine vollständige theologische Norm konzentrieren. Stattdessen erfordert der Prozess der Kontextualisierung eine Bewegung zwischen zwei Polen, der Bibel als Quelle für die Wahrheit und der Kultur als Quelle für die Kategorien, mit denen der Theologe die biblische Wahrheit ausdrückt."[117] Erinnern wir uns an die Worte von Vattimo: „Mit anderen Worten, die Bibel ist nur ein Kern, der für sich allein, im Gegensatz zur lebendigen Tradition und zum Glauben der Gemeinde, nicht als die authentische Offenbarung gelten kann."[118] Die Bibel allein reicht nicht aus, um den Willen Gottes zu erkennen. Während im katholischen Kontext noch die kirchliche Tradition hinzukommen muss, ist für Vattimo und Grenz neben der Schrift die Kultur der Glaubensgemeinschaft Ort der Offenbarung. Eine konsequente Kontextualisierung des Evangeliums verlangt, dass die Heilige Schrift durch die Kultur der heutigen Glaubensgemeinschaft verstanden wird.[119]

Damit wird (1) die Unterscheidung zwischen der Schrift und ihrer Auslegung, die bei den Reformatoren eine so große Rolle spielte, verwischt. Es gibt nicht mehr die Schrift, sondern nur noch konkurrierende Auslegungen. Grenz übernimmt die für postmoderne Denker so typische Erkenntnistheorie, die nicht mehr zwischen Wahrheit (Bibel) einerseits und Wahrheitsansprüchen (Bibelauslegung) andererseits unterscheidet. Heinzpeter Hempelmann hat darauf aufmerksam gemacht, dass durch den Wegfall dieser Unterscheidung friedenstiftendes Potenzial verloren geht. „Wo und wenn es nicht mehr die Theorien und Positionen sind, die im Streit liegen, da sind es dann allzu schnell die Selbstbeschreibungen und Personen, die nun selbst aneinandergeraten."[120]

Die Verlagerung des Offenbarungsgeschehens in die Gemeinschaft wird (2) den Subjektivismus fördern. Die Bedeutung esoterischer Erfahrungen im Raum der Kirche wird zunehmen, da nicht mehr die Bibel letztes Kriterium der Gotteserkenntnis ist, sondern das Gruppenerlebnis und die Selbsterfahrung (mit der Bibel).

Leider ist (3) zu befürchten, dass die Gegenwartskultur die Botschaft des Evangeliums mehr und mehr überdeckt. Wenn es nur noch miteinander vergleichbare Kulturen gibt und ein Maßstab aller Maßstäbe fehlt *(norma normans)*, kann Kultur irgendwann nicht mehr vom Evangelium unterschieden werden. So wird das Christentum mehr und mehr Zeugnis ablegen von der Kultur, die es umgibt. Der Auftrag der Kirche Gottes besteht aber darin, Jesu Tod und Auferstehung zu bezeugen und von diesem Amt her in die Gesellschaft hineinzuwirken.

Das Beispiel der Emerging Church-Bewegung

Wie schnell die Gegenwartskultur das Evangelium schwächen kann, wenn man dieses Offenbarungsmodell übernimmt, lässt sich an der *Emerging Church*-Bewegung ablesen.

Die *Emerging Church*-Bewegung (engl. *to emerge*: „auftauchen", „sich bilden", „sichtbar werden") ist eine post-evangelikale Reformbewegung innerhalb konservativer und westlich geprägter christlicher Kreise. Die Ende der 90er-Jahre in den USA entstandene Strömung ist inzwischen international und überkonfessionell und möchte wesentliche Elemente der postmodernen Kultur für das Leben im Raum der Kirche nutzbar machen.[121] Die Bewegung ist nicht homogen, sondern lässt eine enorme Bandbreite zu. Sie thematisiert zahlreiche wichtige Aspekte, wie z.B. Authentizität und gesellschaftsrelevante Lebensstile. Es kann nur begrüßt werden, wenn Christen sich aufmachen und die Dualismen von Theorie und Praxis oder Öffentlichem und Privatem zu überwinden versuchen. Offensichtlich hat es die *Emerging Church*-Bewegung geschafft, die postmodernen Codes zu knacken, sonst fände sie nicht einen so überwältigenden Zulauf unter jungen Menschen. Ich finde es auch ermutigend, dass die Bewegung – an Lesslie Newbigin anknüpfend – auf die kulturelle Prägung des eigenen Glaubens aufmerksam macht. Es stimmt, dass Evangelikale manchmal Evangelium mit Marktwirtschaft verwechseln. Es trifft auch zu, dass Europäer und Nordamerikaner viel von Christen aus anderen Teilen der Welt lernen können. Trotzdem sind in der Bewegung eine Überhöhung der postmodernen Kultur und die daraus folgende Dekonstruktion von evangelischen Bekenntnisinhalten zu beobachten.

Brian McLaren ist eine Vaterfigur der Bewegung und wurde von dem Nachrichtenmagazine *Time* als einer der 25 einflussreichsten Evangelikalen in Amerika bezeichnet. Er stammt aus der Brüderbewegung (Plymouth Brethren/John Nelson Darby), studierte Literatur und ist ein geschickter Sprachkünstler. Er setzt in seinen Büchern zwei postmoderne Techniken ein, die auch bei anderen Autoren der *Emerging Church*-Bewegung zur Anwendung kommen. McLaren arbeitet mit Doppel- und Mehrfachkodierungen. Seine Texte bleiben unscharf, provozieren zwei oder mehrere Lesarten. Auf diese Weise erlaubt er die Konstruktion eines evangelikalen und eines nicht-evangelikalen McLaren. Er ist Liberaler und Konservativer, Anglikaner und Wiedertäufer, Fundamentalist und Charismatiker zugleich.

Zudem bleiben seine in einem exzellenten Amerikanisch geschriebenen Bücher textuell offen. Sie enthalten keine abgeschlossenen und abgesicherten Botschaften. Er will geradezu Projektionsfläche für die Zweifel und Fragen seiner Leser sein und spielt mit seinen Ressentiments gegenüber den Evangelikalen. McLaren diagnostiziert die Probleme traditioneller Lehrpositionen sehr pointiert, hält sich aber mit eigenen Lösungsvorschlägen zurück oder bleibt gezielt indifferent. Seine ersten Bücher erschienen Ende der 90er-Jahre. Immer wieder spricht er in ihnen über Sünde, Homosexualität, Rechtfertigung, Christologie oder Mission. Doch seine Antworten, die manchmal im Duktus eines Religionsstifters geschrieben sind, bleiben uneindeutig.

Ein Beispiel: McLaren ringt sich nach einer mehrseitigen Erörterung der Frage, ob Christen evangelisieren sollen, zu der Stellungnahme durch, dass das Gespräch mit anderen Religionen „die Evangelisation nicht ausschließt, sondern erst möglich macht“[122]. Wenige Zeilen später lesen wir: „Ich muss hinzufügen, dass ich nicht der Auffassung bin, Jünger machen sei gleichbedeutend damit, jemanden an die christliche Religion zu binden. Es mag unter vielen (nicht allen!) Umständen ratsam sein, Menschen zu helfen, Nachfolger Jesu zu werden *und* [Hervorhebung im Original, R. K.] dabei in ihrem buddhistischen, hinduistischen oder jüdischen Kontext zu belassen."[123] Was heißt das nun? Sollen Jünger Jesu im Kontext anderer Religionen leben und sich den dortigen Riten anpassen? Das wäre mit dem Anspruch auf Echtheit und Authentizität schwer zu vereinbaren. Oder sollen Menschen Jünger Jesu sein, indem sie buddhistische, hinduistische oder jüdische Religion praktizieren? Dies würde das neutestamentliche Verständnis auf merkwürdige Weise verzerren (1. Thessalonicher 1,9). Was ist mit der Taufe? Was ist mit einem öffentlichen Bekenntnis zu Jesus Christus? McLaren will darüber nicht schreiben. So bleibt es schwer, ihn festzulegen. Doch kann jemand, der von sich behauptet, in erster Linie ein Evangelist zu sein, z.B. die Frage nach dem Sühneopfer Jesu wirklich unbeantwortet lassen?[124]

Völlig befremdlich mutet das Buch *A Heretic's Guide to Eternity* (dt. *Eines Häretikers Leitfaden zur Ewigkeit*) von Spencer Burke an, für das McLaren ein wohlwollendes Vorwort geschrieben hat und das auch von dem Franziskanermönch Richard Rohr empfohlen wird. Burke, ebenfalls eine einflussreiche Persönlichkeit in der *Emerging Church*-Bewegung (Gründer von www.theooze.com), spricht wie Grenz der Kultur Offenbarungsqualität zu. „Wir mögen viel Wert auf die Tradition und Geschichte legen, aber tatsächlich haben wir uns weit von den Situationen und Umständen entfernt, in welchen der Glaube ursprünglich entstand. Ich kann die jüdische Kultur des ersten Jahrhunderts studieren wie ich will, das ist nicht dasselbe, als wäre ich dort. Und die Information über diese Kultur wird in gewisser Weise immer gefärbt sein durch meine derzeitige Vorstellung über die Natur des Selbst, menschliche Sexualität, Politik, Ökonomie und über alles andere. Religiöse Leute denken gern, dass ihre Glaubenspraxis genau dasselbe ist wie für diejenigen, die Jahrhunderte vorher Gottesdienst gefeiert haben, dass sich nichts geändert hat [...]. Aber in der Religion bleibt nichts genau gleich. Unsere Religion praktizieren wir innerhalb unseres kulturellen Horizonts, nicht außerhalb von ihm. Es gibt nicht so etwas wie Religion, die außerhalb der Kultur existiert."[125] Diese Einstellung erschwert nicht nur, wie oben gezeigt, die Kulturkritik, sondern eröffnet auch eine neue Sicht auf Gott. Burke glaubt nicht mehr daran, dass es eine Wahrheit außerhalb sozialer Strukturen gibt.[126] So nötigt ihn sein postmoderner Ansatz, sich seinen eigenen Gott zu konstruieren. „Noch mehr, ich bin nicht sicher, ob ich exklusiv an einen Gott glaube, der eine Person ist [...]. Ich verbinde derzeit eine panentheistische Sichtweise, welche im Grunde meint, dass Gott ‚in allem' ist, mit der Sicht der alten Bekenntnisse mit Gott als Vater, Sohn und Geist [...]. Eine panentheistische Sichtweise Gottes ist weit genug, um alte Glaubensvorstellungen, neue Traditionen sowie Theologien von Ost und West einzubinden, und ich liebe so etwas. Ich liebe die wunderbaren kreativen Möglichkeiten, die so umsetzbar sind."[127] Da das erste Gebot aber genau das Konstruieren eines eigenen Gottesbildes verbietet, kann man Burke nur raten, seine Arbeitsweise zu überdenken (vgl. 2. Mose 20,3–4).

Weder – noch

Oft korrespondiert bei post-evangelikalen Christen die Kritik an der Moderne mit einer euphorischen Begeisterung für die Kernthesen der Postmoderne. Nun ist die Moderne – wie wir oben gesehen haben – in der Tat kritikwürdig. In ihr treffen radikal kritische Strömungen der Aufklärung und christliche Überzeugungen aufeinander. Das ist der Grund, warum die Moderne einen zwiespältigen Eindruck hinterlässt. Aber müssen wir deshalb die Postmoderne glorifizieren? Müssten wir nicht diese Kultur ähnlich kritisch unter die Lupe nehmen wie die Moderne? Steht die Kultur der Postmoderne dem christlichen Glauben tatsächlich näher?

Ernst Troeltsch[128], Max Weber[129] und andere haben überzeugend herausgearbeitet, dass die Moderne auf sehr tief greifende Weise durch den Protestantismus mitgestaltet wurde. Auch viele einflussreiche Naturwissenschaftler waren Christen oder standen dem christlichen Glauben nahe.[130] Das reformatorische Christentum gab so der Moderne enorm lebensbejahende und demokratisierende Impulse. Die Propheten der Postmoderne sprechen dagegen nicht im Geiste dieser fruchtbaren neuzeitlichen Ideen. Leute wie Friedrich Nietzsche, Georges Bataille oder Michel Foucault radikalisieren den antichristlichen Impetus der Neuzeit. Warum müssen wir gerade bei ihnen in die Schule gehen? Nietzsche, der Übervater postmodernen Denkens, schrieb 1895:

„Diese ewige Anklage des Christentums will ich an alle Wände schreiben, wo es nur Wände gibt – ich habe Buchstaben, um auch Blinde sehend zu machen [...]. Ich heiße das Christentum den Einen großen Fluch, die Eine große innerlichste Verdorbenheit, den Einen großen Instinkt der Rache, dem kein Mittel giftig, heimlich, unterirdisch, klein genug ist – ich heiße es den Einen unsterblichen Schandfleck der Menschheit [...]. Und man rechnet die Zeit nach dem *dies nefastus*, mit dem dies Verhängnis anhob – nach dem ersten Tag des Christentums! – Warum nicht lieber nach seinem letzten? Nach heute? – Umwertung aller Werte!“[131]

3. Schlusswort

Was heißt Glauben in einer Welt, die Gott gehört, die Gott aber auch verflucht hat? Christen gehören Gott und nicht der Welt. Aber gerade weil sie Gott gehören, leben sie in der Welt. Nur wie?

Johann Christoph Blumhardt (1805–1880) sprach einmal davon, dass Menschen zwei Bekehrungen brauchen.[132] Die erste Bekehrung ist die weg von der Welt hin zu Gott. Menschen, die Jesus Christus nachfolgen, lernen, ihn – mehr und mehr – zu lieben. Und ihn lieben heißt tun, was er will (vgl. 1. Johannes 4,13–24). Christen dürfen sich nicht der Welt anpassen (vgl. Römer 12,1–3). Sie treten aus der Finsternis in die Gegenwart dessen, der Licht ist, und lassen sich umgestalten.

Die zweite Bekehrung, von der Blumhardt sprach, ist die Bekehrung hin zur Welt. Christen sind weder welt- noch kulturfeindlich. Sie überspringen nicht die Gegenwart. Sie leben, Augenblick für Augenblick, mit Gott auf der Erde. So bedeutet diese Umgestaltung auch, dass wir lernen zu unterscheiden. Wir alle tragen eine Menge Dinge in unserem Reisegepäck, die das Evangelium verdecken (S. 13–14). Die Gesellschaft um uns herum dringt tief in uns ein. Sie formt unser Denken und Fühlen, besetzt unsere Werte. Da heißt es zu prüfen, Gottes Liebe, Werte und Prioritäten zu entdecken. Hier sind wir gefragt, Gott die Herrschaft über unser ganzes Leben zu geben, ihm auch im Raum des Denkens recht zu geben (vgl. 2. Korinther 10,5).

Die Postmoderne als Geistesströmung lässt sich mit Christus nicht versöhnen, denn die „Nicht-Existenz einer Metaregel (eines obersten Prinzips, eines Gottes, eines Königs, eines jüngsten Gerichts oder auch nur einer respektablen Diskurspolizei) macht das Herz [...] des Postmodernismus überhaupt aus“[133]. Es gibt allerdings keinen Anlass, gegenüber der Kultur der Postmoderne kritischer zu sein als gegenüber anderen Kulturen. Keine Kultur darf ein eigenes Recht vor dem Evangelium beanspruchen. Christen, die in diktatorisch regierten Ländern leben oder unter bitterer Armut leiden, können die Ängste der Europäer nicht verstehen. Wahrscheinlich war das Leben für Christen in Europa nie einfacher als in der Postmoderne und die missionarischen Möglichkeiten sind gewaltiger als jemals zuvor. Die Welt ist flach, die Grenzen sind offen.

Die Menschen haben viele Fragen, sind unstimmig, weil sie nicht wissen, auf welche Stimme sie hören sollen. Schauen wir genau hin! Nehmen wir die Fragen ernst! Geben wir gute Antworten! Antworten, die von dem kommen, der den geistlichen Durst der Menschen stillen kann. Nicht immer können diese Anworten einfach sein. Manchmal sind sie vielleicht hart.

Aber sie sind tragfähig. Sie halten etwas aus, auch die Stürme. Also: Nutzen wir dieses herrschende pluralistische Denkklima, in dem das Nachdenken über alternative Sichtweisen und Glaubenssätze wieder salonfähig geworden ist!

Leben wir achtsam, aufmerksam und mutig! „Wir Christen sind Hinterweltler oder wir sind Säkularisten", schrieb Dietrich Bonhoeffer 1932 in einem kleinen Aufsatz.[134] „Es sind nun Hinterweltlertum und Säkularismus nur die beiden Seiten derselben Sache – nämlich, dass Gottes Reich nicht geglaubt wird. Weder der glaubt es, der zu ihm aus der Welt flieht, der es dort sucht, wo seine Plage nicht ist, noch der glaubt es, der es als ein Reich der Welt selbst aufrichten zu sollen meint. Wer der Erde entweicht, findet nicht Gott, er findet nur eine andere Welt, seine eigene, bessere, schönere, friedlichere Welt, eine Hinterwelt, aber nie Gottes Welt, die in dieser Welt anbricht." Seien wir weder Hinterweltler noch Säkularisten, sondern Menschen, die der Gegenwartskultur wirklich etwas zu sagen haben. Schämen wir uns des Evangeliums nicht (vgl. Römer 1,16), glauben wir an Gottes Reich und arbeiten wir darauf hin, dass es wächst!

III. Verzeichnis empfohlener Literatur

Das Verzeichnis enthält die im Buch mehrfach verarbeitete Literatur sowie einige Empfehlungen. Eine freie multilinguale Bibliografie zur Postmoderne mit über 3.000 Einträgen (bis zum Jahr 1993) kann unter folgender URL heruntergeladen werden: http://www.umass.edu/complit/aclanet/SyllPDF/JanuList.pdf. Leider enthält sie keine evangelikale Literatur.

Die nachfolgenden Bücher sind alphabetisch nach dem Autor sortiert und mit folgenden Kennzeichen versehen:

(A) **Allgemeine** Einführung
(C) Schwerpunkt des Buches ist **Postmoderne und Christentum**
(E) Buch der ***Emerging*** *Church*-Bewegung
(G) **Grundlagenwerk** für die Diskussion um die Postmoderne
(K) **kritisiert** postmoderne Sichtweisen
(P) vertritt **postmoderne** Sichtweisen

Albert, Hans, *Traktat über kritische Vernunft*. 5., verb. und erw. Aufl., Tübingen: Mohr, 1991. (G)

Burke, Spencer/Taylor, Barry, *A Heretic's Guide to Eternity*. San Francisco: Jossey-Bass, 2006. (E) (C) (P)

Carson, D. A., *Becoming Conversant with The Emerging Church: Understanding A Movement and Its Implications*. Grand Rapids, Mich.: Zondervan, 2005. (C) (E) (K)

Gadamer, Hans-Georg, *Wahrheit und Methode: Grundzüge einer philosophischen Hermeneutik*. Tübingen: Mohr, 1999. (G) (P)

Derrida, Jacques/Vattimo, Gianni, *Die Religion*. Frankfurt a. M.: Suhrkamp, 2003. (P) (C)

Downing, Crystal, *How Postmodernism Serves (My) Faith: Questioning Truth in Language, Philosophy and Art*. Downers Grove, Ill.: IVP Academic, 2006. (C) (E)

Feyerabend, Paul K., *Wider den Methodenzwang*. Frankfurt a. M.: Suhrkamp, 1983. (G) (P)

Grenz, Stanley J., *Revisioning Evangelical Theology: A Fresh Agenda for The 21st Century*. Downers Grove, Ill.: InterVarsity Press, 1993. (C) (E)

Habermas, Jürgen, *Die neue Unübersichtlichkeit*, Frankfurt a. M.: Suhrkamp, 1985. (G) (K)

Hansen, Klaus P., *Kultur und Kulturwissenschaft: Eine Einführung*. 2., vollst. überarb. u. erw. Aufl., UTB Bd. 1846, Tübingen/Basel: Francke, 2000.

Klement, Herbert (Hg.), *Theologische Wahrheit und die Postmoderne*. Wuppertal: R. Brockhaus Verlag, 2000. (C) (K)

Klotz, Heinrich, *Kunst im 20. Jahrhundert, Moderne – Postmoderne – Zweite Moderne*. 2., durchges. Aufl., München: Beck, 1999. (G)

Kubsch, Ron (Hg.), *Wahrheit und Liebe: Was wir von Francis Schaeffer für die Gegenwart lernen können*. Idea-Dokumentation 3/2007, Bonn: VKW. (K)

Kuhn, Thomas S., *Die Struktur wissenschaftlicher Revolutionen.* 2., rev. und um das Postskriptum von 1969 erg. Aufl., 15. Aufl., Frankfurt a. M.: Suhrkamp, 1996. (G) (P)

Lützeler, Paul Michael, *Spätmoderne und Postmoderne.* Frankfurt a. M.: Fischer-Taschenbuch Verlag, 1991.

Lyotard, Jean François, *Das postmoderne Wissen: ein Bericht.* Edition Passagen, Wien: Passagen Verlag, 1999, S. 193. Das wahrscheinlich bedeutendste Buch der Postmoderne, durch das der Begriff „postmodern" in die philosophische Diskussion eingeführt wurde. (G) (P)

Lyotard, Jean François, *Der Widerstreit.* München: Fink, 1989. (G) (P)

McLaren, Brian D., *A Generous Orthodoxy.* El Cajon, CA: Youth Specialties, 2006. (G) (E) (P)

Newbigin, Lesslie, *„Den Griechen eine Torheit": Das Evangelium und unsere westliche Kultur.* Neukirchen-Vluyn: Aussaat-Verlag, 1989.

Niebuhr, H. Richard, *Christ and Culture*. 1. Aufl., San Francisco, CA: HarperSanFrancisco, 2001.

Nietzsche, Friedrich, *Die fröhliche Wissenschaft,* Frankfurt a. M./Leipzig: Insel-Verlag, 2000. (G) (P)

Penner, Myron B., *Christianity and The Postmodern Turn: six views*. Grand Rapids, Mich.: Brazos, 2005. (C)

Phillips, Timothy R./Dennis L. Okholm, *Christian Apologetics in The Postmodern World*. Downers Grove, Ill.: InterVarsity Press, 1995. (C)

Popper, Karl Raimund, *Objektive Erkenntnis, ein evolutionärer Entwurf*. Dt. Fassung d. 4. verb. u. erg. Aufl., Hamburg: Hoffmann und Campe, 1995.

Popper, Karl Raimund, *Vermutungen und Widerlegungen: Das Wachstum der wissenschaftlichen Erkenntnis*. 2. Bd., Tübingen: Mohr Siebeck, 2000, S. 627. (G)

Rorty, Richard, *Der Spiegel der Natur: eine Kritik der Philosophie*. Übers. von Michael Gebauer, Frankfurt a. M.: Suhrkamp, 1987. (G) (P)

Rorty, Richard, *Wahrheit und Fortschritt*. Übers. von Joachim Schulte, 1. Aufl., Frankfurt a. M.: Suhrkamp, 2000. (G) (P)

Rorty, Richard/Gianni Vattimo, et al., *Die Zukunft der Religion*. Frankfurt a. M.: Suhrkamp 2006. (C) (P)

Schaeffer, Francis A., *Preisgabe der Vernunft: Kurze Analyse der Ursprünge und Tendenzen des modernen Denkens*. 5. Aufl., Genf/Wuppertal: R. Brockhaus Verlag, 1985. (C) (K)

Smith, R. Scott, *Truth and The New Kind of Christian: The Emerging Effects of Postmodernism in The Church*. Wheaton, Ill.: Crossway Books, 2005. Diesem Buch sind die zwei Abbildungen auf S. 25 und 31 entlehnt. Ein wichtiger Beitrag zur Debatte um die *Emerging Church*-Bewegung, besonders in den USA. (C) (K)

James K. A. Smith, *Who's Afraid of Postmodernism: Taking Derrida, Lyotard, and Foucault to Church*. Grand Rapids (Mi.): Baker Academic, 2006. (C) (K)

Tylor, Edward B., *Primitive Culture*. London: J. Murray, 1871.

Vanhoozer, Kevin J., *Is There A Meaning in This Text?: The Bible, The Reader and The Morality of Literary Knowledge*. Grand Rapids, Mich.: Zondervan, 1998. (C)

Vattimo, Gianni, *Jenseits des Christentums: Gibt es eine Welt ohne Gott?* Aus dem Ital. von Martin Pfeiffer, München: Hanser, 2004. (C) (P)

Wells, David F., *Above All Earthly Pow'rs: Christ in A Postmodern World*. Grand Rapids, Mich./Leicester: W. B. Eerdmans Pub. Co., Inter-Varsity Press, 2005. (C) (K)

Welsch, Wolfgang, *Unsere postmoderne Moderne*. Berlin: Akademie Verlag, 1997. Wolfgang Welsch, derzeit Professor für Philosophie in Jena, zählt zu den renommiertesten Postmoderne-Experten in Deutschland. (G) (P)

Welsch, Wolfgang (Hg.), *Wege aus der Moderne*. Schlüsseltexte der Postmoderne-Diskussion. Berlin: Akademie Verlag, 1994. In diesem Band hat Wolfgang Welsch sehr wichtige Quellentexte zusammengetragen. (G) (P)

Wittgenstein, Ludwig, *Tractatus Logico Philosophicus & Philosophische Untersuchungen*. Leipzig: Reclam Verlag, 1990. (G)

Zima, Peter V., *Moderne/Postmoderne*. 2., überarb. Aufl., Tübingen [u.a.]: Francke, 2001. (G)

Anmerkungen

Für Bücher, die im Verzeichnis empfohlener Literatur erwähnt werden (Kapitel 3), wurde im Anmerkungsapparat der Kurzbeleg gewählt. Für sonstige Quellen wurden die Vollbelege aufgenommen.

1 Der deutsche Begriff „Kultur" stammt sprachgeschichtlich vom lateinischen Verb *colere*. Das Brockhaus-Lexikon nennt zwei Bedeutungen für das Verb: (1) „bebauen", „pflegen" und (2) „verehren", „anbeten". Mit der letzten Bedeutung verbinden wir kaum noch Kultur, zumal wir im Deutschen eine eigene Ableitung gebildet haben: „Kultus".

2 Alfred L. Kroeber/Clyde Kluckhohn, *Culture: A Critical Review of Concepts and Definitions*. Cambridge, Mass.: The Museum, 1952.

3 Ein Apologet ist jemand, der eine Weltanschauung oder Religion verteidigt. Christliche Apologetik ist denkerische Rechtfertigung und Verteidigung des Glaubens.

4 Ludwig Wittgenstein, *Tractatus Logico Philosophicus & Philosophische Untersuchungen*, S. 368. (Bei Kurzbelegen finden Sie ausführliche bibliographische Angaben im Verzeichnis empfohlener Literatur auf Seite 79–83). Wittgenstein übernahm die Abbildung von Jastrow, *Fact and Fable in Psychology*.

5 Richard Niebuhr, *Christ and Culture*, S. 23–35.

6 *Ebd.*, S. 33.

7 Edward B. Tylor, *Primitive Culture*, London, S. 1.

8 Emil Brunner, *Christianity and Civilisation*. London: Nisbet, 1948.

9 Lesslie Newbigin, *Den Griechen eine Torheit*, S. 9–10.

10 Karl Barth, *Der Römerbrief*. 13., unveränderter Abdruck der neuen Bearbeitung von 1922, Zürich: Theologischer Verlag, 1984, S. V.

11 Vgl. dazu Wolfgang Welsch, *Wege aus der Moderne*, S. 2.
12 Wolfgang Welsch, *Unsere moderne Postmoderne*, S. 2.
13 Diesen Begriff übernimmt Welsch von Heinrich Klotz, *Kunst im 20. Jahrhundert,* S. 7.
14 *Ebd.*, XVIII.
15 *Ebd.*, S. 6.
16 Wolfgang Welsch, *Postmoderne Moderne*, S. 82.
17 Peter Zima, *Moderne/Postmoderne*, S. 36.
18 Hans-Georg Gadamer, *Wahrheit und Methode*, S. 277.
19 Heinrich Klotz, *Kunst im 20. Jahrhundert*, S. 17.
20 Jürgen Habermas, „Mit dem Pfeil ins Herz der Gegenwart", in: *Die neue Unübersichtlichkeit*, S. 129.
21 Siehe dazu besonders: Hans Albert, *Traktat über kritische Vernunft*, S. 18 und Karl Popper, *Vermutungen und Widerlegungen*, S. 5.
22 Der Ausdruck „intelligibel" (lat. *intelligibilis*, „geistig erkennbar") steht für eine geistig und sinnlich zugängliche Welt.
23 Karl Popper, *Vermutungen und Widerlegungen*, S. 5–6.
24 Hans Joachim Störig, *Weltgeschichte der Wissenschaft*. Bd. 1, Augsburg: Weltbild-Verl., 1992, S. 227.
25 Vor der Erfahrung liegend.
26 Vgl. John Dewey, *Die Erneuerung der Philosophie*. Hamburg: Junius, 1989 und Ernst Troeltsch, *Die Bedeutung des Protestantismus für die Entstehung der modernen Welt*. Aalen: Zeller, 1963.
27 Isaac Newton, *Die mathematischen Prinzipien der Physik*. Berlin: de Gruyter, 1999, S. 16–17.
28 Hans-Georg Gadamer, *Wahrheit und Methode*, S. 276.
29 Friedrich Nitzsche, *Götzen-Dämmerung oder Wie man mit dem Hammer philosophiert*, S. 75.
30 Martin Heidegger, *Was ist Metaphysik?* 16. Aufl., Frankfurt: Vittorio Klostermann, 2007, S. 8.
31 *Ebd.*, S. 14.

32 So Heidegger 1966 in einem Interview mit Rudolf Augstein, das erst posthum 1976 veröffentlicht wurde. Das Interview erschien in: *Der Spiegel*, Nr. 23 (31. Mai 1976), S. 193–219.

33 Hans-Georg Gadamer, *Wahrheit und Methode*, S. 455.

34 *Ebd.*, S. 455–456.

35 Hans-Georg Gadamer, *Hermeneutik II*. Tübingen: Mohr, 1999, S. 496.

36 Hans-Georg Gadamer, *Wahrheit und Methode*, S. 494.

37 Thomas Kuhn, *Die Struktur wissenschaftlicher Revolutionen*, S. 10.

38 Diese Formulierung geht zurück auf einen Text von Lyotard selbst in *Der Widerstreit* (S. 12). Er grenzt die achtenswerte Postmoderne von einer unkritischen (postmodernen) Beliebigkeit ab.

39 Jean-François Lyotard, *Das postmoderne Wissen*, 1994.

40 *Ebd.*, S. 13.

41 *Ebd.*

42 *Ebd.*, S. 75.

43 *Ebd.*, S. 83.

44 *Ebd.*, S. 84–85.

45 *Ebd.*, S. 85.

46 Wolfgang Welsch, *Unsere moderne Postmoderne*, S. 232.

47 Vgl. Paul Feyerabend, *Wider den Methodenzwang*, S. 251–252.

48 Ebd., S. 249.

49 Zur Frage, ob das Christentum eine Metaerzählung im Sinne Lyotards ist, siehe: Ron Kubsch, *Warum das Christentum für François Lyotard eine Emanzipationserzählung ist*. MBS TEXTE 85, Philosophische Anstöße, Bonn, 2007, URL: www.bucer.de/mbstexte.html [Stand: 19.04.2007].

50 Ihab Hassan, „Postmoderne heute“, aus Wolfgang Welsch, *Wege aus der Moderne*, S. 49–55.

51 Mehrdeutigkeiten.

52 Peter Engelmann (Hrsg.), *Postmoderne und Dekonstruktion*, S. 48.

53 Ihab Hassan, „From Postmodernism to Postmodernity", URL: http://www.ihabhassan.com/postmodernism_to_postmodernity.htm [Stand: 28.02.2007].

54 Charles Jencks, „Die Sprache der postmodernen Architektur", aus: Wolfgang Welsch, *Wege aus der Moderne*, S. 88.

55 *Ebd.*, S. 86.

56 Heinrich Klotz, *Kunst im 20. Jahrhundert*, S. 103.

57 Mehrdeutigkeit von Wörtern und Zeichen.

58 Aus: Wolfgang Welsch, *Ästhetisches Denken*, 1990, S. 80–81.

59 Werner Krüger, Wolfgang Pehnt, *Künstler im Gespräch*, S. 124.

60 Leslie Fiedler, „Überquert die Grenze, schließt den Graben!", aus: Wolfgang Welsch, *Wege aus der Moderne*, S. 73.

61 Roger Behrens, *Postmoderne*. Europäische Verlagsanstalt, 2004, S. 56.

62 Leslie Fiedler, „Überquert die Grenze, schließt den Graben!", aus: Wolfgang Welsch, *Wege aus der Moderne*, S. 57.

63 Nutzbarmachung.

64 *Ebd.*, S. 62.

65 Paul Lützeler, „Einleitung: Von der Spätmoderne zur Postmoderne", aus: Paul Lützeler, *Spätmoderne und Postmoderne*. Frankfurt a. M.: Fischer-Taschenbuch Verlag, 1991, S. 11–12.

66 *Ebd.*

67 Patrick Süskind, *Das Parfum. Die Geschichte eines Mörders*. Zürich: Diogenes, 1985, S. 5.

68 *Ebd.*, S. 303.

69 *Ebd.*, S. 304.

70 *Ebd*,. S. 305.

71 Zitiert aus: Helmut Bernsmeier, *Patrick Süskind: Das Parfum*. Stuttgart: Philipp Reclam, S. 58–59.

72 Rainer Winter, „Zwischen Kreativität und Vergnügen: Der Gebrauch des postmodernen Horrorfilms", aus: K. Neumann-Braun (Hg.), *Öffentlichkeit, Kultur, Massenkommunikation*. Oldenburg, 1991, S. 213–229.

73 Ich fasse die Thesen von Winter zusammen, die zu finden sind unter: *ebd.*, S. 217–219.

74 *Ebd.*, S. 218–219.

75 Jean-François Lyotard, *Das postmoderne Wissen*, S. 191.

76 Gunter Schmidt, „Die andere Seite der Sexualität", URL: http://www.kinderschutz-zentren.org/ksz_a-material2.html [Stand: 26.02.2007].

77 Konstantin Mascher, „Geschlechtslos in die Zukunft?", *OJC-Salzkorn* 5/2006, S. 201.

78 So heißt es auf der Internetseite des GenderKompetenz-Zentrums: URL: http://www.genderkompetenz.info/gender-mainstreaming [Stand: 25.02.2007].

79 Bettina Röhl, „Die Gender Mainstreaming-Strategie", Cicero Online Spezial, URL: http://www.cicero.de/page_print.php?ress_id=7&item=581 [Stand: 16.04.2007].

80 Bettina Röhl, „Die Gender Mainstreaming-Strategie", Cicero Online Spezial, URL: http://www.cicero.de/page_print.php?ress_id=7&item=581 [Stand: 16.04.2007].

81 Http://db.genderkompetenz.info/deu/archive/events/gendlectkompetenz/070205glhu/[Stand: 25.02.2007].

82 *Ebd.*

83 Richard Rorty, „Antiklerikalismus und Atheismus", aus: Richard Rorty/Gianni Vattimo, *Die Zukunft der Religion*, S. 38.

84 Vgl. Ulrich Engel, „Philosophie (im Licht) der Inkarnation", aus: Gianni Vattimo/Richard Schröder/Ulrich Engel, *Christentum im Zeitalter der Interpretation*, S. 44.

85 Gianni Vattimo, „Das Zeitalter der Interpretation", aus: Richard Rorty/Gianni Vattimo, *Die Zukunft der Religion*, S. 56.

86 *Ebd.*, S. 77.

87 Gianni Vattimo, *Jenseits des Christentums*, S. 69.

88 Gianni Vattimo, „Das Zeitalter der Interpretation", S. 91.

89 Gianni Vattimo, *Jenseits des Christentums*, S. 52.

90 *Ebd.*, S. 67.

91 *Ebd.*, S. 113.

92 *Ebd.*, S. 73.

93 So orientierte sich beispielsweise Alain Badiou in seinem Hauptwerk *Das Sein und das Ereignis*, das bereits 1988 geschrieben wurde, wieder am Universalismus und Rationalismus. Siehe: Alain Badiou, *Das Sein und das Ereignis*. Berlin: diaphanes, 2005.

94 Siehe Terry Eagleton, *Illusionen der Postmoderne*. Oxford [u.a.]: Blackwell, 1997.

95 Thomas Assheuer, „Der Schnee von gestern", *Die Zeit*, Nr. 34 (1998).

96 Zu den Verhältnissen in den USA siehe: Scott Smith, *Truth and the new kind of Christian*, S. 79–93. Im europäischen Parlament hat sich zum Beispiel Gianni Vattimo, der selbst bekennender Homosexueller ist, offensiv für die rechtliche Gleichstellung sexueller Minderheiten eingesetzt.

97 Vgl. Wolfgang Welsch, *Unsere moderne Postmoderne*, S. 273.

98 Thomas Assheuer, „Der Schnee von gestern", *Die Zeit*, Nr. 34 (1998).

99 Ebd.

100 Lorenz Bruno Puntel, *Wahrheitstheorien in der neueren Philosophie*. Darmstadt: WBG, S. 17–18.

101 Jean-François Lyotard, *Moralités postmodernes*, S. 66, zitiert bei Peter Zima, *Moderne/Postmoderne*, S. 211.

102 *Ebd.*, S. 212.

103 *Ebd.*, S. 213, auf den S. 209--219 auch weitere Beispiele.

104 Siehe dazu Ron Kubsch, *Vom Ende der großen Erzählungen*, S. 11–14. Der Aufsatz von Sokal ist übersetzt erschienen in Alan Sokal/Jean Bricmont, *Eleganter Unsinn*. München: Beck, S. 262–309.

[105] Peter Zima, *Moderne/Postmoderne*, S. 199–200.

[106] Paul A. Boghossian, „What the Sokal Hoax Ought to Teach Us: The pernicious consequences and internal contradictions of ‚postmodernist' relativism", *Times Literary Supplement*, 13. Dezember 1996, S.14–15.

[107] Christian Köllerer, „Die Errungenschaften der Postmoderne als Theorie", in: *Erlanger Digitale Edition*, Beiträge zur Literatur- und Sprachwissenschaft, URL: http://www.erlangerliste.de/ressourc/postmod.html.

[108] Ein scharfer Kritiker des Postmodernismus war Ronald Nash, siehe z.B. Ronald H. Nash, *Life's Ultimate Questions*. Grand Rapids, Mich.: Zondervan, 1999, S. 232–251. Edward T. Oliver bezeichnet den Postmodernismus als eine dämonische Bewegung, die das Kommen des Antichristen vorbereitet. Siehe Edward T. Oliver, „The Postmodern Opiate of the People", *WRS Journal* 6/2 (August 1999), S. 1–4.

[109] Der im englischsprachigen Raum gegenwärtig sehr beliebte Begriff „missional" ist schwer zu übersetzen. Er soll von einem zu engen Missionsverständnis wegführen. Demnach ist Mission nicht nur eine Tätigkeit der Kirche, sondern die Kirche ist wesentlich missionarisch, indem sie als Gemeinschaft verbunden mit Christus lebt. So wird Mission nicht auf Evangelisation reduziert, sondern umfasst auch andere Bereiche, wie zum Beispiel soziale Verantwortung innerhalb der Gesellschaft.

[110] *Cultural studies* ist ein interdisziplinärer Forschungsansatz, der Soziologie, Filmtheorie, Literaturtheorie und Kulturanthropologie kombiniert und kulturelle Phänomene der Gesellschaft bewertet.

[111] Crystal Downing, *How Postmodernism Serves (My) Faith*. 2006.

[112] James K. A. Smith, *Who's Afraid of Postmodernism*, 2006.

[113] Friedrich Nietzsche, *Die fröhliche Wissenschaft*. Frankfurt a. M.: Insel-Verlag, 2000, S. 320.

[114] Siehe z.B. Christof Landmesser, *Wahrheit als Grundbegriff neutestamentlicher Wissenschaft*. WUNT 113, Tübingen: Mohr Siebeck, 1999.

[115] Zum existenzialistischen Wahrheitsbegriff siehe Ron Kubsch, „Schaeffers Kierkegaard", aus: Ron Kubsch (Hg.), *Wahrheit und Liebe*, S. 152–166.

[116] Stanley Grenz war Mentor von Brian McLaren, dem Ideengeber der *Emerging Church*-Bewegung. Siehe: Brian McLaren, *A Generous Orthodoxy*, S. 28.

[117] Stanley Grenz, *Revisioning Evangelical Theology*, S. 90.

[118] Gianni Vattimo, *Jenseits des Christentums*, S. 113.

[119] Grenz bezeichnet diesen Vorgang als Illumination, vgl. *ebd.*, S. 120–125.

[120] Heinzpeter Hempelmann, „Selbstbescheidung der Vernunft", aus: Herbert Klement (Hg.), *Theologische Wahrheit und die Postmoderne*, S. 94.

[121] Manchmal wird die Bewegung auch als *Emergent Church* oder *Missional Church* bezeichnet. Die *Emerging Church* ist eine weite informelle Bewegung, während *Emergent* meist für *Emergent Village* steht, eine Organisation, die in den USA von Tony Jones und in Großbritannien von Jason Clark geleitet wird. Zu den Gründern der Bewegung gehören Brian McLaren und Doug Pagitt.

[122] Brian McLaren, *A Generous Orthodoxy*, S. 293.

[123] *Ebd.*, S. 293.

[124] McLaren schreibt in *A Generous Orthodoxy*, S. 293: „Im Herzen denke ich, dass meine Hauptgabe und Berufung die Evangelisation ist." Seine Bücher enthalten zahlreiche kritische Bemerkungen zum Sühneopfer Jesu (nicht nur in Bezug auf die Begründung von Anselm von Canterbury), dagegen fehlt eine positive Bezugnahme oder Aufnahme völlig. Vgl. dazu D. A. Carson, *Becoming Conversant with the Emerging Church*, S. 166–168.

[125] Spencer Burke, *A Heretic's Guide to Eternity*, S. 43.

[126] *Ebd.*, S. 194.

127 *Ebd.*, S. 194–195.

128 Ernst Troeltsch, *Die Bedeutung des Protestantismus für die Entstehung der modernen Welt*. Aalen: Zeller, 1963.

129 *Die protestantische Ethik und der Geist des Kapitalismus*. München: C. H. Beck, 2004.

130 Siehe dazu das ausgezeichnete Buch: Lydia Jaeger, *Wissenschaft ohne Gott? Zum Verhältnis zwischen christlichem Glauben und Wissenschaft*. Bonn: VKW, 2007.

131 Friedrich Nietzsche, *Der Antichrist: Versuch einer Kritik des Christentums*. Frankfurt a. M./Leipzig: Insel Verlag, 2006, S. 125–126.

132 Thomas Johnson, „Christ and Culture", *MBS Texte* 81 (2007), S. 14. Online zu finden unter: URL: www.bucer.de.

133 Wolfgang Welsch, *Unsere moderne Postmoderne*, S. 232.

134 Dietrich Bonhoeffer, *Dein Reich komme!* Hamburg: Furche Verlag, 1958, S. 5–8.

Abbildungsnachweis:

Abbildung 1: © Ron Kubsch nach Jastrow.
Abbildung 2: © Ron Kubsch.
Abbildung 3: © Ron Kubsch.
Abbildung 4: © Ron Kubsch.
Abbildung 5: © Ron Kubsch.
Abbildung 6: © Ron Kubsch.
Abbildung 7 und 8: Bilder der Staatsgalerie Stuttgart, © Ron Kubsch.
Abbildung 9 und 10: Haas-Haus in Wien, © Johanna Klampfl.
Abbildung 11: © Cindy Sherman, Untitled # 316, 1995, cibachrome, 48x32 inches, Courtesy of the Artist and Metro Pictures.
Abbildung 12: Patrick Süskind, *Das Parfüm*, © Diogenes Verlag.
Abbildung 13: Lola rennt © X Verleih AG, Berlin.
Abbildung 14: © Ron Kubsch.

Thomas Schirrmacher

Multikulturelle Gesellschaft – Chancen und Gefahren

Tb., 12 x 19 cm, 96 S.,
Nr. 394.576,
ISBN 978-3-7751-4576-3

Multikulti gilt einerseits als gescheitert, andererseits ist es längst Alltag in Deutschland. Wem die Zukunft unseres Landes nicht gleichgültig ist, braucht verlässliches Basiswissen über die Lage, über Unterschiede der Kulturen, aber auch positive Perspektiven, wie Christen begeistert in einer multikulturellen Gesellschaft leben können. Ein Weltbürger und Fachmann fasst das Wesentliche zusammen.

Bitte fragen Sie in Ihrer Buchhandlung nach diesem Buch!
Oder schreiben Sie an: Hänssler Verlag GmbH & Co. KG,
D-71087 Holzgerlingen.

Ron Kubsch

Ess-Störungen –
verstehen und überwinden

Tb., 12 x 19 cm, 96 S.,
Nr. 394.551, ISBN 978-3-7751-4551-0

Von einer Essstörung ist fast jeder einmal betroffen. Wer nicht zu den etwa 10 Prozent der Bevölkerung gehört, die im Laufe ihres Lebens eine Magersucht oder Ess-(Brech-) sucht durchmachen, wird im Familien-, Freundes- oder Kollegenkreis mit der Erkrankung konfrontiert. Einer unheimlichen Erkrankung, die sich weitgehend im Verborgenen vollzieht, Betroffene gefangen nimmt und bis zur Entstellung ihrer Persönlichkeit in ihren Bann zieht. Das Buch vermittelt fundiertes Wissen über die Erscheinungsformen und Hintergründe von Essstörungen. Es zeigt Wege zur Heilung auf.

Bitte fragen Sie in Ihrer Buchhandlung nach diesem Buch!
Oder schreiben Sie an: Hänssler Verlag GmbH & Co. KG,
D-71087 Holzgerlingen.